Ivan Misner
Hazel M. Walker
Frank J. De Raffele Jr.

Essa ideia é tão boa que parece que foi sua

São Paulo
2014

UNIVERSO DOS LIVROS

Business networking and sex (not what you think)

Diretor editorial
Luis Matos

Editora-chefe
Marcia Batista

Assistentes editoriais
Raíça Augusto
Raquel Nakasone

Tradução
Larissa Wostog

Preparação
Geisa Oliveira

Revisão
Oika Serviços Editoriais
Raíssa Nunes Costa

Arte
Francine C. Silva
Valdinei Gomes

Capa
Zuleika Iamashita

Dados Internacionais de Catalogação na Publicação (CIP)
Angélica Ilacqua CRB-8/7057

M66e Misner, Ivan

Essa ideia é tão boa que parece que foi sua / Ivan Misner, Hazel M. Walker, Frank J. de Raffele Jr.; tradução de Larissa Wostog. – São Paulo : Universo dos Livros, 2014.

256 p.

ISBN: 978-85-7930-535-1

Título original: Business networking and sex

1. Negócios I. Título II. Walker, Hazel M III. Raffele Junior, Frank J. de IV. Wostog, Larissa

13-0621 CDD 650.1

Universo dos Livros Editora Ltda.
Rua do Bosque, 1589 — Bloco 2 — Conj. 603/606
CEP 01136-001 — Barra Funda — São Paulo/SP
Telefone/Fax: (11) 3392-3336
www.universodoslivros.com.br
e-mail: editor@universodoslivros.com.br
Siga-nos no Twitter: @univdoslivros

Este livro é dedicado, com amor, a Elisabeth, minha esposa há 23 anos, que sempre diz: "Você ganha a vida, e eu farei a vida valer a pena"... e é o que ela faz todos os dias.

- Ivan Misner, Ph.D.

Dedico este livro a minhas três meninas: Crystal, Jacqueline e Candace, os amores da minha vida.

- Frank De Raffele

Dedico este livro a minha equipe, que tocou os negócios enquanto eu escrevia o trabalho; a meus amigos, que me encorajaram; a grande parte de minha família, que acreditou em mim e está sempre lá para me dar a mão. Amo todos vocês.

- Hazel Walker

Advertência

Este livro é sobre sexo.

(Tudo bem, na verdade é sobre gêneros, mas a advertência ainda é válida.)

Este livro pode irritá-lo!

Falaremos sobre questões controversas.

Ele, provavelmente, vai tirá-lo do sério.

E, pior de tudo, há algumas análises estatísticas envolvidas.

Seja cauteloso e corajoso.

Respire fundo. Você é adulto.

Você aguenta... assim esperamos.

Sumário

Capítulo 4

Capítulo 5

Capítulo 6

Capítulo 7

Capítulo 8

Capítulo 9

Conheça os autores

Ivan Misner, Ph.D., pseudônimo "As pesquisas dizem"

Dr. Ivan Misner é fundador e presidente da BNI, a maior empresa de networking do mundo. Ela foi fundada em 1985 e possui mais de 6 mil divisões em cada um dos continentes. A BNI gera, anualmente, milhões de referências, que resultam em bilhões de dólares de lucro nos negócios de seus membros.

Dr. Misner é Ph.D. pela Universidade do Sul da Califórnia, autor best-seller do *The New York Times*, com dezesseis livros publicados, incluindo o número 1 das listas de mais vendidos, *Networking Like a Pro*. Ele assina uma coluna mensal no www.entrepreneur.com e é o sócio principal do Referral Institute, empresa de referência em treinamento. Além disso, lecionou Gestão Empresarial e cursos sobre capital social em diversas universidades norte-americanas.

Chamado de "pai do networking moderno" pela CNN e de "guru do networking" pela revista *Entrepreneur*, dr. Misner é considerado um dos principais especialistas em networking e principal porta-voz das mais importantes empresas e associações em todo o mundo. Colaborou com os periódicos *Los Angeles Times*, *The Wall Street Journal* e *The New York Times*, assim como em diversas emissoras de televisão e rádio – entre elas, CNN, CNBC e BBC, em Londres.

Participa do quadro de fideicomissários da Universidade de La Verne, é o fundador da BNI-Misner Charitable Foundation e recentemente foi nomeado "Humanitário do Ano" pela Cruz Vermelha. É casado e mora com a esposa, Beth, e seus três filhos em Claremont, Califórnia. Usa chapéu de mágico e faixa preta de caratê nas horas vagas.

Frank J. De Raffele Jr., pseudônimo "Ele diz"

Frank começou sua destemida jornada empresarial aos 18 anos, quando estabeleceu sua primeira sociedade e abriu seu primeiro negócio. Assim que concluiu a universidade, fundou a Innovative Video Productions, produzindo uma série de vídeos de *fitness*, representada nacionalmente por Herman's Sporting Goods, American Express Mailers e Sharper Image Catalog.

Como produtor, seus feitos incluíram programas e comerciais de televisão para clientes como Liberty Mutual, Ford e PGA, além da participação na equipe de jornalismo da ABC Television e no corpo de produtores da novela *One Life to Live.* Isso o inspirou para a criação de uma produção dinâmica, Entrepreneurial Excellence Radio Show Inc., na qual expõe empresários às informações de que necessitam para obter sucesso.

Como fundador e presidente da Entrepreneurial Excellence Worldwide Inc., e através do ProActive Leadership Center, as palestras de Frank motivam profissionais em todo o mundo. Suas apresentações foram traduzidas para outras línguas, como japonês, chinês, alemão, francês e holandês.

Seu instinto de competição engloba tudo o que faz e o levou a competir nas seletivas do Golden Gloves Boxing aos 30 anos, assim como obter a faixa preta 6° Dan no Okinawan Goju Ryu Karate.

Hazel M. Walker, pseudônimo "Ela diz"

Quando Hazel se viu como a relutante proprietária de uma corretora de seguros, sem qualquer experiência na área ou como proprietária de negócios, soube que teria muito a aprender – e teria que ser rápido. Durante o processo, descobriu que amava networking e comunicação com outras pessoas.

Como proprietária de uma franquia do BNI e do Referral Institute, há treze anos Hazel ensina profissionais a ampliar seus negócios através da arte das recomendações. Os projetos em que participou como coautora, o reconhecimento como Toastmaster Bronze[1] e a filiação à National Speakers Association somaram-se à sua rica experiência, e contribuíram enormemente para a sabedoria deste livro.

É voluntária na Big Brothers Big Sisters, Business Ownership Initiative, the Warren Township PTA e Indiana State PTA, no qual ganhou o prêmio Indiana State PTA Lifetime Membership.

Inspirada por seus filhos, profunda curiosidade e aspiração por aprender fazem com que viaje e busque aventuras em todo o mundo. Seus interesses incluem, principalmente, aprender sobre cervejas artesanais, promover degustações e organizar happy hours para mulheres que desejam aprender mais. É apaixonada por ajudar mulheres a abrirem negócios que amem, permitindo que tenham a vida que escolherem.

★★★

Que sorte a sua! Você tem três guias tarimbados para escoltá-lo passo a passo pelo irregular terreno do conflito comunicativo entre os sexos, em um sistema fácil de apreender. Cada capítulo se fundamenta em muitas pesquisas e citações, interpretadas por mim (A Pesquisa), e apresenta uma discussão animada dessas descobertas – ora contraditórias, ora surpreendentes – entre Ele (Frank) e Ela (Hazel).

Ele e Ela o ajudarão a interpretar assuntos complicados através das importantes e divergentes perspectivas de cada gênero. As informações suplementares, combinadas com a honestidade brutal de Hazel e de Frank e minha voz da razão, resultam em um passeio movimentado e emocionante. Apertem os cintos, senhoras e senhores, pois será fantástico!

1 Prêmio da Toastmasters International, organização educacional não governamental cujo objetivo é ajudar seus membros a melhorar as habilidades em comunicação, retórica e liderança. O prêmio é um reconhecimento como Advanced Comunicator, que avalia diversas performances em comunicação. (N.T.)

Introdução

As pesquisas dizem...

Durante um período de quatro anos, mais de 12 mil empresários participaram de um estudo baseado em 25 perguntas simples. Além de irritá-lo, as respostas podem fazer com que você se anime e se motive a aprender.

Enquanto esmiuçamos a análise estatística, a última coisa que você fará é bocejar; pelo contrário, você provavelmente remeterá suas próprias reações emocionalmente carregadas para as tempestades elétricas que ocorrem entre os sexos quando lutamos para compreender um ao outro dentro da competitiva e emergente arena dos negócios.

Seja corajoso! Você vai conseguir. Respire fundo e, quando sentir que está dando uma bronca em um de nossos autores ou em um dos assuntos estudados, morda o lábio e continue a ler, pois, afinal de contas, você se tornará uma espécie de bacharel na "rede de networking com o sexo oposto".

Você pode se perguntar qual foi nossa motivação para realizar um estudo sobre negócios, networking e sexo. Como proprietário da maior organização de networking do mundo por quase três décadas, seria eufemismo afirmar que testemunhei homens e mulheres enfrentando alguns desafios relacionados à comunicação com o sexo oposto. Ocultas nas pequenas falhas, geralmente há suposições enganosas sobre cada gênero, implorando para serem investigadas, desvendadas e compreendidas.

Os resultados de nossos estudos revelaram descobertas surpreendentes, que mudarão os hábitos e os resultados em seu networking face a face.

Com o desejo de compreender os obstáculos comunicativos que surgem no networking entre mulheres e homens, nossa equipe de autores concentrou-se em combinar suas próprias experiências em networking com as informações obtidas pelas pesquisas, e interpretar seu significado para os leitores.

Por último, as descobertas serão convertidas em passos a serem seguidos por cada um dos sexos, com o objetivo de moldar seu estilo de networking, de modo a tirar proveito do pleno potencial que a construção do capital social tem a oferecer.

Meu objetivo é apresentar as pesquisas de forma imparcial quanto aos gêneros, e interpretar as descobertas dos estudos através da ótica de décadas de experiência ampla, versada e intercultural. Esforço-me ao máximo para não falar por meu gênero ou exprimir opiniões sobre o sexo feminino. Acredite em mim, você terá muito mais do que opiniões tendenciosas, interpretações e sugestões dadas por Ela e Ele, representados por Hazel e Frank.

Ele diz...

Queremos as mesmas coisas, mas as obtemos de modo diferente

É interessante nosso estudo ter revelado dois fatos bastante distintos, aparentemente contraditórios. O primeiro é que tanto homens como mulheres desejam fazer negócios através do networking, e estão dispostos a trabalhar intensamente para conseguir. O outro é que, ao que parece, tornamos as coisas difíceis para nós mesmos ao estabelecermos networking no estilo que nosso gênero prefere e compreende. Isso é tão contraproducente quanto um casamento heterossexual baseado apenas no que o homem quer – ou no que a mulher deseja. Se ambos querem continuar casados, rapidamente percebem o que é necessário para fazer a outra pessoa feliz, colocando isso em prática.

Falando de sexo

Você pode estar se perguntando o que sexo tem a ver com networking. Também pode estar animado para aprender a empregar sua destreza sexual para influenciar acordos e obter resultados do modo que gostaria no escritório. Pare de pensar perversidades! Sentimos muito em decepcioná-lo, mas este livro é, na verdade, muito mais sobre gênero do que sexo. Mas quem é que vai olhar duas vezes o título *Negócios, networking e gênero*? Estou ouvindo grilos cantarem? É justamente por essa razão que utilizamos um título mais vibrante: *Essa ideia é tão boa que parece que foi sua*. A maioria das pessoas não anda por aí pensando em gênero, mas muitas pessoas passam o dia todo pensando em... bem... você sabe o quê.

Você preenche os requisitos?

Você está preparado para ser alvo de gozações, estereotipias, rebaixamentos e insultos? Está preparado para ser responsabilizado por algo que outra pessoa fez? É capaz de dar uma boa observada em seu comportamento e realizar mudanças que, no início, podem ser desconfortáveis? Você consegue rir de si mesmo e parar de levar alguma coisa tão a sério por um instantinho? Se sim, prossiga na leitura deste livro. As recompensas serão excelentes.

Você acha que nós realmente gostamos de dificultar as coisas? Acredita que o problema de nossos valores culturais específicos de gênero e da química cerebral relacionada a sexo nos incapacita a trabalhar bem juntos? Dê um tempo! Isso é conversa fiada! Eu tenho outra pergunta, pela qual, no entanto, devo pedir desculpas de antemão. Nós, homens, somos realmente idiotas? Absolutamente. Na verdade, nosso estudo confirma o que as pessoas sabem há muito tempo: os homens, às vezes, se comportam como porcos. Aqui estão duas citações extraídas de nosso estudo sobre profissionais do sexo masculino em situações de networking:

> *Sem querer ser machista, mas a mulher de negócios gostosa sempre atrairá mais atenção ao fazer networking porque os homens acreditam que dar atenção para ela fará com que goste deles.*

Em um grupo de networking bem estruturado, acredito que ter membros do sexo feminino é muito benéfico porque assegura que os homens sejam mais presentes e corteses.

Somos realmente estúpidos e vazios? Sim, aparentemente alguns de nós – e tudo o que é preciso é de alguns para criar a fama. É muito triste que precisemos de mulheres na sala para nos comportarmos de modo civilizado. Poxa! Senhoritas, em nome dos homens de todo o mundo, peço desculpas. Sei que desejarei fazer isso com frequência no decorrer do livro, mas esta será a primeira e última vez – para o nosso bem e para o bem de nossa sanidade.

Uma das questões entre os gêneros que faz com que nós, homens, tenhamos que dormir no sofá tantas vezes é o velho e clássico enigma que gosto de chamar de "O que dizer?!". Homens, tenho certeza de que conhecem a sensação de tentar preparar as palavras, ensaiando-as repetidas vezes para retirar quaisquer partículas ofensivas e passíveis de confusão do caminho e, ainda assim, de alguma forma, acabar dizendo a coisa errada para uma mulher em alguma ocasião de sua vida. É óbvio que em muitas situações eu também enfrentei problemas de comunicação com colegas do sexo feminino. Um número incontável de mulheres já me relatou quão ofendidas ou decepcionadas ficaram com algo que um homem disse em uma reunião de networking. Embora não tenham falado nada na ocasião, silenciosamente decidiram nunca mais utilizar seu serviço ou negócio ou sequer recomendá-lo.

A questão é: existe algum período de suas vidas, homens, em que vocês não tenham ofendido ou que não foram compreendidos pelas mulheres? Não, é óbvio que não. Isso significa que, por causa disso, todos nós perdemos uma parte de nosso potencial para fazer negócios com elas. O fato de quase metade da população ser de mulheres deve fornecer grande motivação para resolvermos esse problema!

É esse o objetivo das páginas a seguir. Pelo fato de tomarmos decisões importantes relacionadas a dinheiro tendo por base nossas avaliações de expressões faciais, gestos, timbres, tiques e até cheiros, o processo de networking frente a frente é uma oportunidade para os gêneros aprenderem a agradar um ao outro. Para ampliarmos nossa cultura de negócios, devemos nos adaptar a estilos de comunicação e preferências específicas de gênero. Isso significa moldar-se a um comportamento esperado, semelhante a quando viajamos a um país estrangeiro e observamos os costumes querendo ter férias agradáveis.

Ela diz...
É particularmente importante para as mulheres

Uma recente pesquisa de opinião comprovou que 41,4% dos negócios atribuem mais de 80% de suas vendas às referências obtidas. Além disso, o U.S. Bureau of Labor Statistics descobriu que apenas 5% das pessoas que buscam emprego o conseguiram através do mercado aberto, ou seja, anúncios online ou mídia impressa. Outros 24% conseguem trabalhos oferecendo seus serviços por telefone diretamente às empresas, e 23% utilizam agências de emprego, escritórios de aconselhamento profissional e empresas de recolocação. Os demais 48% obtêm empregos através de indicações. Como essas pessoas conseguem fazer com que o boca a boca funcione a seu favor? Networking face a face!

O networking não só desempenha papel fundamental no crescimento de um negócio influente, mas prepara o terreno para uma vida feliz e segura. Sem dúvida, todos enxergam os benefícios de se ter um bom grupo de amigos e colegas que possam ajudá-lo em seu caminho. Atualmente, os treinamentos relacionados às técnicas boca a boca são amplamente divulgados. As pessoas estão sedentas por descobrir como se conectar com os outros magneticamente, de modo a conseguir mudar suas vidas. Agora, mais do que nunca, homens e mulheres precisam aproveitar esse treinamento para agir, ganhar a obrigatória vantagem competitiva e prosperar no mercado de trabalho.

Para que estamos aqui?

"Os homens parecem ser mais hesitantes quanto ao estabelecimento de relações profundas, e as mulheres tendem a se concentrar mais em outras coisas que não negócios", escreveu um dos participantes da pesquisa. Isso representa os modos de pensar conflitantes que fazem com que ambos os gêneros, em uma mesma sala, perguntem a si mesmos se estão, de fato, na mesma situação. É o motivo principal para que haja tantos outros conflitos de pensamento e de comunicação entre ambos.

Se cada sexo possui mais habilidade que outro ou é atraído a diferentes aspectos da socialização, não poderíamos auxiliar um ao outro com esses respectivos talentos naturais? É importante ajudar as mulheres a sobressaírem profissionalmente. Se elas têm a mente aberta e são capazes de lidar com a realidade, acredito que haja espaço para mudanças e crescimento positivo fora da zona de conforto na qual se encontram.

Embora os homens, às vezes, ajam de modo grosseiro e agressivo, as mulheres precisam compreendê-los. Sim, homens podem ser porcos, mas mulheres têm sua parcela de culpa, permitindo que eles continuem com esse comportamento, muitas vezes sem que percebam. Quantas vezes vocês foram ofendidas com um comentário vulgar, nada disseram e simplesmente ficaram amuadas? Vocês já foram ignoradas, rebaixadas e tratadas de modo grosseiro, e em vez de falar o que pensam, apenas fizeram cara feia e juraram nunca fechar um negócio com o sujeito?

Vocês nunca vestiram uma roupa sexy para um evento de negócios e se sentiram ofendidas pelo fato de ninguém estar levando vocês a sério? Ou, ainda pior, se ofenderam porque os homens a chamaram para sair em vez de ouvir suas ideias?

Marte *versus* Vênus

Dr. John Gray resumiu o assunto para todos nós quando escreveu seu célebre livro *Homens são de Marte, mulheres são de Vênus*. Networking é apenas networking, portanto deve ser algo bem simples, certo? Se todos estiverem lendo os livros recém-lançados sobre as relações entre os sexos e participando do mais novo treinamento de networking, então devemos estar em sintonia, não é? Vocês podem pensar que sim, mas nada poderia estar mais distante da verdade. Depois de trabalhar por anos com homens e mulheres de negócios de todo o mundo, constatei que seus métodos e estilos de comunicação são muito diferentes, o que pode causar problemas mais profundos e perda de capital, mesmo sendo óbvio que todos desejem resultados semelhantes.

Realmente, não importa se você é apenas um funcionário com um emprego estável ou um dono de negócio buscando ampliar seu império. Saber como se relacionar com ambos os sexos permitirá a construção de uma rede diversa que pode ajudá-lo a se conectar quando procurar um novo emprego, ou quiser associar seu atual negócio a produtos melhores, pessoas qualificadas ou prospectos mais recomendados. O melhor investimento que você pode fazer, tanto em seu futuro pessoal como profissional, é conectar-se antes de precisar de algo de fato. Pense no ato de estabelecer conexões como o desenvolvimento de uma rede grande e detalhada, ao longo do tempo, que atrairá todos os tipos de tesouros maravilhosos, inclusive a si mesmo, se você precisar.

Agora, vamos começar! Há muito a aprender.

Mantra de desenvolvimento de negócios

Amplie suas conexões antes que precise delas. Sua rede trabalhará para você.

CAPÍTULO

1

A exceção torna-se a percepção

As pesquisas dizem: todos querem se dar bem

Atualmente, o império dos negócios é global – e não apenas local ou nacional. Quando decidimos descobrir o que as pessoas pensavam sobre networking, concentramo-nos nas que atuavam na área de negócios, em uma ampla seção transversal do mundo. Durante mais de três anos, mais de 12 mil homens e mulheres de negócios de todos os continentes participaram de uma pesquisa sobre gênero e networking, compondo o levantamento mais abrangente já conduzido. A pesquisa foi uniformemente dividida entre homens (50,2%) e mulheres (49,8%). Em suas respostas às questões objetivas, ambos os gêneros não estavam a anos-luz de distância um do outro, como se esperava. Eles concordaram em quase tudo, em geral de modo relativamente próximo, a respeito de comportamentos, valores e experiências de networking. As diferenças nas respostas foram pequenas, embora significantes do ponto de vista estatístico. Sem controvérsias aí.

Agora, eis uma pequena surpresa.

A última pergunta da pesquisa era aberta:

> *Você tem alguma história sobre networking entre homens e mulheres que gostaria de relatar para possível uso no livro? Caso tenha, por favor, descreva-a.*

Cerca de mil participantes responderam. E que histórias!

Quando se apresentou a oportunidade de dizer algo pessoal sobre experiências com networking, 545 mulheres e 403 homens revelaram percepções espantosamente diferentes. Apesar de concordarem em perguntas objetivas, homens e mulheres parecem viver em dois mundos diferentes. Muitas mulheres afirmaram se sentir desvalorizadas, intimidadas, ignoradas, superprotegidas ou apadrinhadas. Outras relataram assédio sexual, como descrito a seguir:

> *Às vezes, sinto que é difícil ser levada a sério por alguns homens de negócio.*
>
> *Como jovem negociante, a qualquer momento em que me aproxime de um membro do sexo oposto, mesmo quando estou vestida de modo conservador e falando apenas sobre negócios, eles imaginam que estou interessada em encontros. Eu não vou muito longe nas negociações.*
>
> *Um dos primeiros "cavalheiros" com que me reuni disse: "Sinto muito, não entendi seu nome, eu estava ocupado demais observando seus seios".*

Alguns homens apresentaram aspectos negativos sobre as mulheres com as quais se reuniram e trabalharam, como exposto nos comentários a seguir:

> *Consigo me lembrar de uma mulher específica que frequentemente ia a reuniões de networking vestida para chamar atenção. Isso fazia com que os homens que compareciam ao evento com suas esposas se sentissem muito desconfortáveis.*
>
> *Ao estabelecer networking com mulheres, eu me vejo tentando não ser ofensivo.*

Por outro lado, a maioria dos homens e muitas das mulheres apresentaram respostas positivas. Algumas mulheres até expressaram preferência por trabalhar com homens:

> *Eu, na verdade, sinto-me mais confortável em estabelecer relações profissionais com o sexo oposto. Sinto que mulheres que trabalham com mulheres são excessivamente competitivas.*

> *Gosto especificamente de trabalhar com homens. É mais direto e menos trivial.*

Do mesmo modo, um número considerável de homens afirmou gostar de trabalhar com mulheres:

> *Como homem, é mais fácil estabelecer relações profissionais com uma mulher. Com elas não há o fator ego.*
>
> *Acredito que as mulheres são melhores ao estabelecer networking. Às vezes, nós, homens, estamos mais interessados em distribuir cartões de visita e falar de negócios enquanto as mulheres são mais intuitivas e gostam de escutar. Eu sempre obtenho mais respostas de mulheres após conhecê-las em um evento social ou de negócios.*

No entanto, quase todos os participantes – mesmo os que fizeram comentários positivos – relataram quão diferente consideravam a abordagem de homens e mulheres na arte do networking. A maioria pareceu concordar que homens se concentram mais em negócios, e mulheres, em relações.

> *Como treinador de vendas, notei que homens assimilam a venda com muito mais prontidão do que as mulheres, que precisam de mais treinamento na área. Fui testemunha desse fenômeno por anos.*
>
> *Pode soar machista e totalmente contrário a todas as leis de oportunidades igualitárias, mas se eu não fosse capaz nem disposto a galantear as pessoas, não acredito que seria tão bem-sucedido como sou.*

Em seus comentários, os homens geralmente citaram os diferentes estilos de networking entre homens e mulheres, mas, como um todo, sentiram que as mulheres faziam um trabalho tão bom quanto os homens – ou melhor. Suas dificuldades com mulheres tinham a ver, quase que totalmente, com o fato de não quererem demonstrar machismo.

Por que a oportunidade de comentar as diferenças entre gêneros desperta opiniões tão surpreendentemente diferentes?

A resposta em uma frase: a exceção torna-se a percepção.

A maioria das mulheres não disponibiliza fotografias sexy em seus sites. A maioria dos homens não se comporta como garotões. Porém, há uma minoria que faz com que isso sobressaia. Eles nos dão a impressão de que há muito mais desse tipo de coisa por aí.

Em sua experiência, se você solicitar a homens e mulheres que pensem durante alguns minutos e resumam em uma simples frase como se sentem em relação ao networking estabelecido com o sexo oposto, a vasta maioria das respostas soará como algo semelhante a:

> *Para mim, pessoas são pessoas e o gênero não importa tanto. A atitude, a competência e o interesse em constituir relacionamentos, em oposição a vendas, são os atributos que eu busco ao estabelecer conexões. Em meu negócio, relações valiosas tanto com homens como com mulheres foram firmadas ao prestar atenção a essas qualidades.*

Então por que uma porcentagem tão grande dos comentários sobre o outro sexo, em ambos os lados da plateia, foi tão negativa? Porque más notícias correm mais rapidamente do que boas. (Lembre-se da velha frase: "Notícia ruim chega rápido".)

Portanto, mesmo que pouquíssimas mulheres tenham relatado algum problema, elas os reconhecem como comuns, pois tomaram conhecimento deles através de boatos (ou pela internet). O mesmo vale para os homens. Eles gostam de estabelecer relações com mulheres e raramente se deparam com problemas, mas ouvem histórias de outra pessoa – geralmente de segundos ou terceiros – sobre mulheres demasiadamente sensíveis a piadas ou comentários inocentes, ou que imaginam estar sendo discriminadas. Além disso, ouvem a respeito de mulheres que se vestem de modo provocante e outras que não estabelecem relações de negócios com homens.

Se esse for o caso, por que homens e mulheres fornecem respostas semelhantes a muitas das perguntas? Por que estão quase que em total concordância sobre muitas das questões sobre relações, inclusive as de negócio com o sexo oposto?

Tanto homens como mulheres participantes da pesquisa são extremamente comprometidos com relações profissionais. Eles acreditam nisso, praticam-nas com frequência e buscam formas de melhorar suas habilidades. As relações funcionam a seu favor. O fato de dificuldades surgirem não altera seu empenho. Para a maioria, homens e mulheres possuem objetivos similares em relação a seus esforços em estabelecer conexões: ambos querem ampliar seus negócios. Essa semelhança parece reduzir algumas das diferenças comuns expressas entre os gêneros.

Assim, quando um problema surge e se coloca no caminho das boas relações, os bons homens e mulheres de negócios buscam soluções.

Conectados para sobreviver

Talvez por causa de alguma conexão distante que visa sobrevivência, nossas espécies pecam ao recordar o negativo. Um estudo recente da Association for Psychological Science relata a pesquisa da psiquiatra Elizabeth Kensinger, do Boston College, sobre a intensa preferência do cérebro por lembranças negativas. Ele explica que nossas memórias retêm os detalhes mais negativos e dramáticos de um acontecimento para "em algum momento, salvar nossas vidas ao guiar nossas ações, permitindo que planejemos ocorrências futuras semelhantes".

Se a maioria das pessoas que realizam conexões compartilha da sensação quase sempre positiva em relação a fazer networking com o sexo oposto, então por que também houve tantos comentários negativos na parte final de nosso estudo "conte-nos uma história sobre conexões"? Más notícias viajam mais rapidamente do que boas por causar grande comoção. É por essa mesma razão que as pessoas reduzem a velocidade para observar um acidente automobilístico horrível, ou assistem ao noticiário para serem bombardeados com violência e conflitos sociais que os menos sortudos de nossa espécie têm de enfrentar.

Nossas habilidades de sobrevivência profundamente enraizadas podem armazenar informações que nos poupam de cometer aqueles mesmos erros em nossas vidas. O propósito restante para coletar informações negativas pode ter mudado seu curso e nos deixado com uma estranha e inexplicável atenção ao negativo. Vem à mente a crença de que o apêndice humano que antes servia para digerir pedaços de madeira agora não serve a propósito algum. Quem ainda come madeira, agora que andamos eretos e frequentamos restaurantes de comida por quilo? Ainda assim, o apêndice está aqui e pode nos causar problemas.

Embora um número muito reduzido de mulheres relatou ter tido problemas, elas tomam consciência de que tal situação é comum através do "efeito boato". O mesmo vale para os homens. E assim, homens e mulheres vão transmitindo informações rapidamente por meio da internet ou de fofocas. Homens e mulheres apreciam estabelecer relações uns com os outros e dificilmente encontram problemas, mas escutam histórias das piores situações de segundos ou terceiros.

E como as histórias circulam! Vão desde mulheres que são extremamente sensíveis a piadas e comentários inocentes até aquelas que se vestem de modo provocante, enquanto reclamam que os homens estão olhando para seus seios e apenas trabalham com grupos femininos. E é infinita a quantidade de homens que estão apenas galhofando em busca de encontros, sob o pretexto de estabelecer conexões profissionais, ou fazendo comentários desrespeitosos e lascivos. Não é?

Se essa é, de fato, uma representação real do que acontece, por que homens e mulheres estão quase em total concordância sobre os verdadeiros sentimentos relacionados a networking com o sexo oposto? Encontramos duas maneiras de formular a pergunta. Uma é: "Como você se sente quanto às relações profissionais com o sexo oposto?", e a outra: "Você pode me contar uma história sobre relações profissionais?".

É possível que ambos os sentimentos existam ao mesmo tempo nos participantes da pesquisa, todos eles ótimos *networkers*. Pelo fato de já serem profissionais dedicados, extremamente comprometidos com networking, podem simplesmente considerar esses pequenos problemas na conduta profissional como desafios a serem superados. Se alguém gosta de uma experiência e se beneficia dela, um probleminha pode simplesmente instigar o desejo de resolver a questão ou consertar a fraqueza, em vez de mudar totalmente uma opinião.

Tais respostas comprovam alguma disposição a resolver problemas e trabalhar nas falhas de gênero:

> *Sendo mulher em uma indústria extremamente dominada por homens, às vezes acho que os homens não confiam em meu nível de competência. Eu geralmente levo comigo um homem*

para balançar a cabeça, para concordar com tudo o que digo – o que funciona muito bem.

Acredito que se você levar alguém do sexo oposto consigo, é possível trabalhar com aquele gênero de modo mais eficiente quando eles se sentirem desconfortáveis. A pessoa que você está tentando conhecer se sentirá mais à vontade quando houver alguém do mesmo sexo no grupo.

Houve uma guinada instantânea nos resultados de minhas conexões profissionais assim que passei a usar minha aliança de casamento. De repente, os homens com os quais me conectava começaram a se concentrar em negócios mais do que faziam no passado. Quando eu não usava a aliança, os homens diziam coisas como "Vamos almoçar primeiro, depois conversaremos sobre negócios". Casados ou não, havia muito mais foco em socializar do que em desenvolver relações profissionais. Devo ter demorado alguns meses lembrando-os dos negócios antes que se comprometessem a agendar uma reunião no escritório. Assim que a notícia de meu casamento se espalhou, os homens com quem já havia estabelecido contato surgiram com indicações. Foi muito animador.

Ouvir sobre as piores situações é instrutivo. O benefício de ter más notícias circulando rapidamente é nos permitir ter uma visão onisciente e desenvolver estratégias para se preparar para o pior. Mas por que se preparar para circunstâncias extremas? Porque isso só vai ajudá-lo.

O profissional perspicaz é aquele que prevê problemas e está preparado para agir. Ao tomar conhecimento de uma situação de networking malsucedida, alguém pode aparecer com uma solução enquanto digere o problema. E, de forma peremptória, pode acabar aplicando essa solução automaticamente para todas as situações, como uma espécie de segurança contra o revés. As pessoas mais inteligentes entram em seus carros e, de imediato, colocam os cintos de segurança, pois, enquanto as chances de se envolver em um acidente ou de receber uma multa são pequenas se for levada em consideração a quantidade de vezes que dirigimos, usar o cinto não machuca, é fácil e nos protege de uma situação pior.

Sim, o número de problemas de comunicação observados em situações de networking entre empresas diferentes é maior do que a realidade, mas uma pessoa prevenida vale por duas. Um profissional astuto prepara-se para resolver problemas com antecedência, o que caracteriza segurança para o sucesso. Ao impedir conflitos, você vai fortalecer a confiança do grupo, usar o tempo de modo mais eficiente e ser capaz de se concentrar nas questões que estão à mão em vez de prender sua mente e emoções a sinuosas transgressões sociais.

O que cada gênero pode e não pode fazer

Se você deseja melhorar seus resultados em networking, temos alguns conselhos, oriundos das muitas respostas de nosso estudo.

Algumas das coisas que homens podem fazer para evitar ser taxados de machistas são:

- Mantenha contato visual durante a conversa.
- Limite-se a conversar sobre negócios.
- Não seja pessoal demais.

Para impedir investidas indesejáveis de homens, as mulheres devem:

- Vestir-se de modo profissional.
- Ter um aperto de mão firme e ser profissional.
- Não paquerar, sob nenhuma circunstância.

Às vezes, medidas extremas são exigidas, e estar preparado faz toda a diferença, como demonstrado na história a seguir:

> *Em geral, estabelecer networking entre homens e mulheres não apresenta problemas. Porém, pouco antes do início de um de nossos cafés da manhã, senti alguém apertar minhas nádegas. Virei-me e encontrei o ofensor parecendo muito satisfeito consigo mesmo, obviamente tentando impressionar os dois homens que estavam em pé, próximos a ele. O homem em questão era conhecido por encher todas as conversas possíveis com insinua-*

*ções. Virei-me e disse "Muito bem, seu *$%...!!!". Então fui até minha cadeira, pensando em quão estranho era o fato de todos nós parecermos profissionais maduros, embora aquele tipo de situação ocorresse. Longe de impressionar os colegas, o homem nunca fez aquilo comigo ou com qualquer outra mulher do grupo novamente, pelo menos até onde testemunhei.*

Ele diz: O princípio X da percepção

Você pode ter ouvido sobre a Lei de Pareto, também conhecida como princípio 80/20. Isso geralmente se refere ao conceito de que 80% das pessoas fazem 20% do trabalho, num contexto de negócios. Também se traduz como gastar 80% de seu tempo em 20% dos clientes, pois apenas estes representam a maior parte dos ganhos; os 80% restantes não são tão rentáveis.

Gostaria de apresentar-lhes meu conceito: o princípio X da percepção, também conhecido como a regra 98/2: 2% de cada parcela da população obtêm fama pelos 98% restantes. Parece justo? Uma cadeia simplesmente é tão forte quanto seu elo mais frágil. Em outras palavras, os idiotas que armam um barraco e manifestam opiniões parcas em situações sociais estragam a reputação de todo o restante. Olá, irmãos de minha tribo masculina, velhos companheiros, vocês me ouvem? Minha nossa! Esse é um fardo para carregarmos.

Os 2% que ficam olhando os seios das mulheres durante o networking dá a elas a impressão de que todos nós somos pervertidos. Olha, eu sei que é dado científico que nós, homens, tendemos a pensar em sexo a cada cinco segundos, mas o que não é científico é a falta de controle sobre nossas ações exteriores. Se todos os homens que pensam em olhar os peitos de uma mulher realmente fizessem isso, seria provavelmente um regresso ao tempo das cavernas.

Ela comenta...

Só consigo imaginar os acidentes automobilísticos, as cirurgias realizadas de modo grosseiro e os jogadores de futebol pernas de pau.

Ele responde...

O fato é que alguns de nós realmente dão aquela olhadinha rápida aqui e ali, mas não somos burros o suficiente para sermos pegos! Não é um comportamento aceitável. Qualquer homem em seu juízo sabe que não existem benefícios, e sim desvantagens em ser flagrado "comendo com os olhos" em uma situação de negócios. Para aqueles que querem ser diferentes, sugiro que parem de assistir filmes pornôs, pois essa é a vida real e somos seres humanos multidimensionais que lidam uns com os outros, e não moldes de papel.

Particularmente, adoraria um pouco de coleguismo, uma linha de frente unida ou disposição para assumir um pouco de responsabilidade ao saber que cada um de nós representa todo o grupo masculino. Não há dúvidas de que há muito ruído na comunicação e de que somos prejudicados quando os 2% dos grosseirões estão por aí dando seu espetáculo ininterrupto de babaquices. Você consegue pensar em homens que fazem isso em quaisquer grupos dos quais façam parte? Eu consigo. Parem com isso, rapazes!

Religião, raça, gênero, preferência sexual e nacionalidade são algumas das áreas prejudicadas pelas ideias estereotipadas e preconcebidas pelos 2% que criam uma caricatura pública representativa dos 98% restantes. É um desastre. Uma das coisas que podemos fazer para influenciar ideias positivas sobre nosso próprio gênero é garantirmos que ambos os sexos se relacionem com indivíduos (e não gêneros) inseridos em um contexto, caso a caso, para agirmos de um modo que nos faça sentir orgulho de representar nossa tribo.

Uma história estranha, porém verdadeira, sobre distorção

Eu sempre soube da importância de se "vestir para o sucesso", mas não imaginei todas as consequências de ignorar essa regra por completo, até conhecer um exemplo perfeito. Cheguei a uma reunião de negócios, conseguida através de minhas referências, vivamente trajado com terno e gravata. Estava muito bonito, devo dizer. Lembro-me de ficar impressionado com as pessoas que me atenderam, em virtude do nível de profissionalismo, gentileza e comprometimento com o networking.

Então, eu o conheci. O exemplo perfeito do velho dilema de julgar ou não um livro pela capa. Esse gigante, esse cara desajeitado, estava vestido de modo tão impróprio que não sabia nem se ele passaria na fiscalização da praia. Das pontas de seus tênis puídos e furados até o alto de seus cabelos rebeldes de jovem Frankenstein, cada detalhe ao longo do caminho gritava "Eu moro na caverna há vinte anos!". Como se os visivelmente espalhafatosos flancos peludos e as axilas escancarando-se em sua regata curta e vibrante não bastassem, tufos de pelos nas costas que imploravam para serem tosados combinavam perfeitamente com os shorts surrados que ele aparentemente havia pegado no fundo de seu cesto de roupas. Isso estragou meu apetite no café da manhã, assim como me intrigaram profundamente suas habilidades articuladas e simpáticas de conversar e a evidente competência como planejador financeiro. Ele simplesmente não concordava com aquela aparência de quem havia sido atropelado. O interior não combinava com o exterior.

Grande parte dos homens de negócios parece compreender o que os códigos de vestuário respeitáveis e apropriados representam em sua área. Nem todos são obrigados a usar terno e gravata; para cada profissional há um padrão ao qual todos aderem (ou deveriam aderir). Por exemplo, quem conserta telhados veste algo casual, mas limpo, que permitirá escalar o teto e fazer a proposta ao proprietário da casa. Pareceria impróprio, e até duvidoso, se um profissional dessa área surgisse usando terno, não é mesmo? Outras pessoas que realizam trabalhos manuais se vestem de modo adequado para o trabalho que farão, seja o conserto de encanamentos, a poda de árvores ou a coleta de lixo. Um bancário que ajuda clientes concedendo empréstimos não comparece ao trabalho com roupas de academia. Você compreende, mas é incrível como algumas pessoas não!

As pessoas seguem os vencedores, e esses vencedores só ganharam porque observaram alguns detalhes que fazem os outros se sentirem confortáveis e seguros. Uma das maneiras de criar uma imagem de que você é confiável e tem vergonha na cara é vestir-se do modo como as pessoas gostariam de vê-lo. Aceite que nós, humanos, somos animais extremamente visuais e que julgamos pelo que vemos.

Para inspirar pessoas a darem seu dinheiro a você – o objetivo final dos negócios –, você deve mostrar a elas, através de sua aparência e conduta, que elas estão prestes a fazer algo bom e legal. Pense em vestir-se bem e observar cortesias sociais como formas de fechar negócios.

Homens, ouçam mais uma coisa. As mulheres observam cada detalhe em seu vestuário e se lembrarão dele durante muito tempo. Quantas vezes você ouviu um casal relembrando o primeiro dia em que se conheceram e notou que a mulher recordava exatamente o que ambos vestiam naquele dia? Se deseja impressionar a todos, vista-se para a plateia feminina e nada dará errado. Preste bastante atenção aos detalhes para conquistá-la, pois as mulheres lembrarão se seu terno combinava com a gravata, se os sapatos estavam engraxados e se as mangas estavam no comprimento correto.

Rapazes, lembremos das mulheres de nossas vidas e de seu processo de vestir. O ciclo se inicia quando há um evento importante por vir. Começa com horas, dias e até semanas de árdua garimpagem pelo vestido perfeito, o que termina apenas quando a caça pelos sapatos e pelas joias certas resulta em uma pontuação perfeita. Então, chega a hora da revisão: minuciosas sessões de desfiles em frente ao espelho, mudando isso e aquilo, comparando-o com outras produções; ela pedirá sua opinião: pareço gorda? fora de moda? desmazelada, matronal, vulgar? e todo o resto em que puder pensar. A única resposta correta e segura é "Não, amor. Você está fantástica. É elegante e sexy ao mesmo tempo. Mas não é o vestido que é sexy, é você que faz esse vestido parecer sexy!". Colegas, confiem nisso. Isso os manterá longe do sofá, e vocês me agradecerão mais tarde.

Quando for o momento de ir ao evento, ela estará nas alturas, sentindo-se reluzente e projetando esse sentimento a todos. Os convidados dirão a ela o quanto está bonita, ela se divertirá e o amará mais por ajudá-la a "escolher" o vestido certo. Aqui vai o argumento decisivo: o único lugar em que você verá aquele vestido novamente é no guarda-roupa. Ela nunca mais o usará. Ela não pode. As "pessoas" já a viram nele. Meu Deus! Isso é estranho ou é apenas minha impressão? *C'est la vie*. Não temos que compreender as mulheres para amá-las, não é?

Em geral, a mulher também será capaz de dizer o que cada uma das outras mulheres estava vestindo no evento depois que tiverem ido embora. Elas prestam atenção em tudo e conseguem reter a informação necessária para comparar aquelas roupas com o que usarão em um evento oito meses depois, desde os brincos até a parte de baixo. Rapazes, sei que estou exagerando, mas vocês precisam lembrar disso quando tiverem que se vestir para ir trabalhar ou marcar presença em algum evento, social ou profissional.

O que estou dizendo é que compre dezenas de gravatas, ternos, camisas e sapatos, de modo que nunca vista a mesma coisa duas vezes? Não. Apenas fique atento. As mulheres com as quais você faz negócios prestam atenção ao que você está vestindo o tempo todo. Elas conhecem seu guarda-roupa melhor do que você. Você se lembra de qual terno e gravata vestiu no último evento que foi? Claro que não. Mas todas as mulheres presentes na ocasião provavelmente se lembram. Apenas tenha isso em mente.

Outro modo de as mulheres julgarem os homens é pelo que aqueles 2% estão fazendo. Elas estão tentando se preparar para o pior, como já ilustrei, portanto estão equipadas para lidar com o mau comportamento masculino quando chegar o momento.

Você e eu nem nos conhecemos, mas as mulheres em meu círculo estão me julgando com base no que você está fazendo, e vice-versa. Somos um time e precisamos nos informar, nos ajudar e apoiar uns aos outros. Isso significa que estamos sempre representando nosso gênero e criando uma imagem do que se pode esperar de nós.

Se você acha que estou exagerando, pense em todos os homens famosos que tiveram que lavar roupa suja em público: casos infames, bigamia, violência física, traições e roubos a funcionários, superproteção e possessão em relação a mulheres como se fossem propriedades, e até brigas em bares. Você já sentiu as repercussões disso enquanto está simplesmente ocupado com negócios, sem ter feito nada disso? Notou que as pessoas tendem a ver as outras diferentemente – ou de modo mais suspeito – depois dessas polêmicas serem reveladas no noticiário?

Alguns anos atrás, um político famoso foi acusado de ter um caso, não apenas com uma mulher, mas com duas – ao mesmo tempo. Sim, estou falando de uma tremenda confusão a três. É claro que ambas as mulheres eram lindas, o que fez a mente de minha esposa acelerar ainda mais. Enquanto estávamos esticados na cama, relaxando e assistindo a esse escândalo no noticiário, ela vira para mim e pergunta (tenho absoluta certeza de que sabe o que está por vir): "Amor! Você nunca teria um caso, não é?". Essa pergunta parece razoável para mim e não me deixou nervoso, pois honestamente eu não teria e, de qualquer forma, minha resposta já estava pronta. Eu estava superpreparado: "É claro que não, amor. Você é tudo que sempre precisei".

Mas não foi isso que ela perguntou. O que ela queria saber era "Amor, você nunca iria querer estar com duas mulheres ao mesmo tempo, não é?". Engoli em seco. O que desejo e o que, de fato, faço são duas coisas muito diferentes, sendo casado, sensato e dedicado a minha esposa, mas, afinal de contas, ainda muito inspirado pela testosterona. Tenho certeza de que não o faria, mas perguntar se eu gostaria de fazer me faz sentir culpado – sem que eu tenha feito nada! Respondi enfaticamente: "Não, querida. Você é tudo que sempre precisei" – talvez depois de pausar por mais um segundo além do que deveria, apenas com o choque da pergunta. Se gostaria de estar com duas mulheres com belas pernas, lindas e ninfomaníacas ao mesmo tempo? Eu ainda estava pensando nisso quando ela me beijou alegremente, dizendo "Mentiroso. É claro que sim. Todos os homens querem isso. Veja como aquele cara é bem-sucedido, e ele fez isso. Então, você provavelmente deseja o mesmo. Homens!".

Somos avaliados, julgados, categorizados, estereotipados e generalizados desde o momento em que pomos o pé para fora de casa até quando deitamos à noite (e, como vocês viram, às vezes não para por aí). Essa é a vida. Muitos pagam pelo que poucos fazem.

Incomodou-me a última parte da acusação. Eu não trairia, simplesmente tenho pensamentos e desejos masculinos. Por causa disso, estava agora na mesma categoria desse político grosseiro e não muito esperto. Fui culpado por associação. Esse é o exemplo clássico de como a exceção se torna a percepção.

Nós, homens, devemos ter um melhor comportamento individual para ajudar nosso time. Façamos um esforço pelo grupo na próxima vez em que sentirmos o desejo por algo que pode nos colocar em maus lençóis. Vamos ter em mente que nossa conduta individual em relação às mulheres afeta a todos, e que "esforce-se pelo grupo" seja nosso novo mantra com um significado maior.

Ela diz: O melhor lugar para encontrar mulheres

Certa tarde, eu estava tomando cerveja com alguns colegas homens e a conversa desviou-se para o velho assunto: onde encontrar pessoas que você gostaria de namorar. Todos concordaram quanto à preferência por eventos profissionais e academias. Fiquei ao mesmo tempo fascinada e chocada com a resposta. Investiguei mais a fundo, descobri que a resposta deles explicava perfeitamente porque o círculo vicioso de vestuário impróprio e comportamento inadequado continua ininterruptamente.

Os rapazes relataram muitas situações de networking em que cerca de duas em 50 mulheres estavam vestidas como se fossem para uma boate e foram parar no evento profissional acidentalmente. Todos os homens presentes estavam visivelmente perturbados com isso, alguns boquiabertos e outros dando espiadas discretas. A maioria fingiu que não, mas a verdade é que todos olharam. As 48 mulheres restantes, embora vestidas adequadamente para o evento, não obtiveram a atenção que as motivou a comparecer: negócios.

Ironicamente, as duas mulheres vestidas de modo ousado reclamaram dos olhares dos homens, de não serem levadas a sério e de levarem cantadas. Sim, geralmente são essas mesmas mulheres que postam fotos comprometedoras nas redes sociais, que criam perfis sensuais e não profissionais. Trata-se de networking, afinal de contas. Mas há motivos pelos quais isso não ajuda as mulheres. Muitas pessoas misturam negócios e prazer e, inevitavelmente, possuem inúmeros "amigos" no Facebook, contatos profissionais e pessoais. Estou acostumado a ver mulheres cometendo o erro de postar fotos revelando decotes ousados no Facebook, mas agora essas fotografias impróprias estão aparecendo no LinkedIn, um site utilizado exclusivamente para conexões profissionais. Argh!

Para meu desconforto, essas mesmas mulheres querem que eu as indique para empregos, quando estão por aí exibindo seus atributos. Embora elas possam ser perfeitamente qualificadas para o trabalho em questão, tais fotos ferem sua credibilidade. Acabo numa enrascada.

Meus coautores são muito apreensivos em relação a isso. Se eles se conectam a tal tipo de perfil, de alguma forma, o que ocorre é um problema de culpa por associação. Muitas conexões profissionais são feitas através do LinkedIn e Facebook – o que parece muito inteligente. A pessoa troca a foto para uma mais provocante, escreve algo picante no seu *post*, e você terá de enfrentar um problema: alguém deve estar analisando o perfil de Ivan ou de Frank, e verá que estão conectados com a sra. Decote Roupa Colante de Leopardo Ousada Batom Cor-de-Rosa, e pronto! Vai parecer que eles são tão sem noção quanto ela, e adeus reputação.

É exatamente por isso que meus amigos homens acreditam que escolher mulheres em eventos de negócios é eficaz. Nós três nos preocupamos com a mensagem enviada para os outros quando nos associamos a pessoas que mostram o decote.

As pessoas estão confusas com o objetivo dos eventos de networking?

Se eu lhe enviar convites para o aniversário de 5 anos de meu filho, prometendo palhaço, jogos e lembrancinhas, não fica claro de qual tipo de evento você participará? Imagine se minha irmã levasse à festa seu namorado socialmente inepto, Lee (os nomes foram modificados para proteger a integridade deles). Lee decide vender seus famosos produtos de perda de peso e tentar fisgar algumas das mães como novas clientes. Ele monta uma mesa para demonstrar seus produtos e atrai olhares de descrença, até que alguma mãe fica curiosa e, embora eu esteja claramente irritada, começa a perguntar sobre os produtos. Logo, um bando de mulheres está babando para o que o produto promete, pegando suas carteiras, enquanto as crianças brincam sem supervisão.

Como você se sentiria caso isso acontecesse? Talvez um pouco traída? Se eu realmente desse uma festa de aniversário maravilhosamente planejada para meu filho e algum bobão decidisse tirar vantagem do evento, eu esperaria que meus amigos "lutassem comigo". Sou uma pessoa muito leal. Minha fantasia em relação a esse fato seria que minhas amigas achassem isso inaceitável e dissessem coisas como "Direi a ele que não pode fazer isso. Você cuida das crianças. Não se preocupe, tomaremos conta disso". Eu esperaria uma pequena irmandade. É claro que quase todas as mulheres desejam perder peso, mas escapulir e pedir informações sobre o produto estaria fora de cogitação, pois a força do time feminino é mais importante!

Se minhas amigas decidissem que uma pequena tentação dessas é mais importante do que passar um tempo de qualidade com as crianças na festa, eu me sentiria abandonada. Você compreende a analogia? Se isso acontecesse algumas vezes, as mulheres passariam a acreditar que as festas de aniversário de crianças são ótimos lugares para se abastecer de produtos fabulosos para perda de peso. E estaria alguém interessado nas crianças? Precisamos nos manter focados no objetivo: redes fortes, comunicativas e diretas. Quanto mais responsabilidades cada um assumir, menos força esses poucos têm para criar uma reputação para os muitos.

Alguns comentários infelizes feitos por homens que responderam à nossa pesquisa demonstram como esse ciclo apenas se fortalece cada vez mais:

> *Eu não quero ser machista, mas as mulheres de negócios bonitas sempre atraem uma grande multidão em um evento, e os homens acreditam que fazer negócios com essas mulheres atraentes, de certa forma, os tornam mais dignos de sua estima.*
>
> *Lidar com mulheres muito atraentes pode influenciar suas abordagens em negócios.*
>
> *Os homens tendem a ser mais dispostos a ajudar uma mulher atraente.*

Há uma diferença entre ser atraente e vestir-se para atrair o interesse sexual. Todas as mulheres atraentes podem se fechar ao flerte, ao mesmo tempo em que permanecem alegres e firmemente ligadas aos negócios.

O que você estava tentando vender?

Nosso impulso mais forte como espécie é para o sexo. É por isso que ele funciona para vender quase tudo para a maioria da população. Nós mesmos usamos o sexo para vender este livro ou pelo menos instigar seu interesse até que você encontrasse um significado mais profundo em suas páginas. Mas, primeiramente, tivemos de fazê-lo escolher o livro e olhar para ele, não é? Se você deseja vender um carro, disponha nele algumas mulheres com pouca roupa. Se gostaria de vender cerveja, retrate uma cena em que um nerd clássico tem um bando de modelos com bons atributos penduradas em seu braço, enquanto vira uma garrafa.

Mulheres seminuas têm sido usadas há anos para vender coisas para homens. Há a insinuação de que se o sujeito comprar o produto, ele também conseguirá as mulheres. Até os homens bem casados ou que têm relacionamentos monogâmicos satisfatórios querem pensar em si mesmos como viris e machões, como se fossem os únicos reprodutores da cidade.

Tudo bem, isso pode parecer dramático, mas tanto no reino animal como no humano a prova cabal de que os machos querem que sua própria descendência triunfe é evidente. O ímpeto de fertilizar muitas fêmeas no início da evolução é o motivo pelo qual estamos aqui hoje. Não estou dizendo nada que você não saiba, mas as pessoas parecem esquecer da força desse impulso natural quando criam caso. Você já ouviu falar em alguém que enlouquece os outros? É alguém que faz uma coisa, mas age como se quisesse outra, o que faz com que os outros ao redor pensem que estão doidos!

Pegue qualquer revista masculina ou apenas passe uma tarde assistindo futebol e conte quantos produtos são vendidos aos homens por mulheres pouco vestidas. As substâncias químicas nos cérebros dos homens os tornam vulneráveis a esse tipo de manipulação, mas é claro que eles conseguem se controlar. Isso é ética e disciplina. Mas, então, por que encher o caminho de minas prestes a explodir a qualquer momento? Homens são visuais. Eles se distraem com seios, mesmo quando estão tentando se concentrar em outra coisa. Ponto final.

Em seu livro *Somente para mulheres*, Shaunti Feldhahn descobre através de centenas de entrevistas quão visuais os homens realmente são, concluindo que até os que têm casamentos felizes distraem-se com mulheres atraentes.

Onde devo descansar os olhos? Olhando fixamente para o crachá de identificação

Uma das dicas mais comuns que repito para homens que estabelecem conexões com mulheres relaciona-se ao posicionamento inadequado da etiqueta com o nome sobre o peito. Meu conselho mais poderoso para os homens é olhar para os olhos de uma mulher, e não para o peito. Mas o que devemos fazer com o temível enigma da etiqueta de identificação? Pelo menos duas vezes, durante o início de uma conversa, tenho de reconfirmar na etiqueta o nome da pessoa com quem estou falando. Não importa que eu tenha acabado de ler o nome "Marsha", à medida que a conversa engrena e vagamos por diversos assuntos, tenho de verificar novamente o nome de Mindy (ou seria Marla?) no crachá. Ah, sim, Marsha! Agora posso chamá-la pelo nome enquanto converso com ela, algo de que todos os humanos gostam.

Há três aspectos que estão em conflito: todos nós gostamos de ouvir o som de nossos nomes, o crachá está sobre o peito, e não é esperado que os homens olhem fixamente para a região do peito de uma mulher em uma situação de negócios. O que fazer? Isso pode transformar um homem outrora tranquilo e confiante em alguém confuso e nervoso, caso fique pensando demais nisso.

Como era de se esperar, isso incita o velho assunto de como os homens se distraem com seios facilmente. Um cavalheiro me disse que seria útil se as mulheres não colocassem seus crachás nos peitos, pois ele se preocupa demais se pensarão que está olhando para você sabe o quê... Ok, mas onde seria um lugar melhor para o crachá, então? Na testa?

Recentemente, um colega do sexo masculino me disse que odeia crachás porque "ensinaram a ele durante toda a vida para não olhar para essa parte da mulher!". Percebi que uma mulher que estava em pé próxima a nós tinha o cordão do crachá balançando em seu decote voluptuoso enquanto caminhava e retomava outro comentário feito em nosso estudo por uma mulher frustrada: "Acho que os homens estão mais interessados em meus seios fartos do que em fechar negócios. Embora eu definitivamente não os exiba, a maioria dos homens 'conversa com minha parte de cima'. Essa falta de concentração dificulta ser levada a sério como mulher de negócios competente". Eu vi o empenho tanto de meu amigo como da mulher ao tentar direcionar o foco para suas referências e habilidades.

Ninguém as levará a sério com esse traje

Moças, quando estiverem participando de um evento de networking, vistam-se para fazer acordos, não para um encontro. Se desejam ser levadas a sério, parem de brincar e vistam-se adequadamente. O que é apropriado? É possível que alguma confusão se deva a nossa cultura corporativa. O *USA Today* entrevistou diversas empresas cuja definição de roupa casual variou, mas a Five Point Capital, especialista em locação de equipamentos com sede em San Diego, solicita que nenhuma parte do corpo, desde os ombros até os joelhos, deve ser vista, com exceção dos braços. É óbvio, não é? Embora permitam jeans às sextas-feiras, fica claro o que não é sexy, portanto não há confusão. Um estudo guiado pelo www.theladders.com com 2.243 executivos revelou que 36% deles acreditavam que as pessoas que se vestiam de modo casual aparentavam ser mais criativas. Porém, 49% sentiram que essas pessoas corriam o risco de não serem levadas a sério. Muitas empresas abriram mão da abordagem casual na sexta-feira, pois as coisas saíram do controle: 53% dos empregadores permitiam trajes casuais a seus empregados, comparados a apenas 38% cinco anos depois, de acordo com o estudo do *USA Today*.

Cobiçando ou memorizando? Pare de ser pego!

Cavalheiros, olhar rapidamente o nome em um crachá é muito diferente de cobiçar os seios. Nós conseguimos, na maioria das vezes, dizer a diferença entre alguns olhares de recapitulação na etiqueta e um olhar fixo, demorado, repetitivo e invasivo. Aqui vão algumas dicas para quebrar os olhares indesejados:

- *É difícil envolver-se plenamente em uma conversa e olhar de soslaio para partes do corpo ao mesmo tempo.* Se você, de fato, estiver ouvindo e prestando atenção na conversa, isto controlará suas tendências de "comer com os olhos". Tente fazer perguntas que você normalmente não faz para manter sua mente concentrada.
- *Na primeira vez em que encontrar alguém e olhar a etiqueta com o nome, diga-o em voz alta e visualize-o escrito na testa da pessoa.* Isso o ajudará a lembrar e a manter seus olhos na região do rosto.
- *Use mnemônicas adicionais.* Há três coisas que precisam ocorrer para acrescentar algo à memória: observação, associação e visualização. Para treinamento mais completo em memorização, leia os tutoriais úteis em www.buildyourmemory.com.

Administrando percepções com seu guarda-roupa profissional

Precisa de algumas dicas sobre a melhor forma de persuadir através de suas habilidades em vez da aparência? A ideia é vestir algo que pareça vivo, claro, bem-acabado e elegante. Aqui vão alguns guias para vestir-se de maneira apropriada para o trabalho, complementados com fotos e instruções:

Mulheres: http://businessnetworkingandsex.com/women-dress/

Homens: http://businessnetworkingandsex.com/men-dress/

Considere as sugestões da especialista em etiqueta, palestrante profissional, treinadora corporativa e escritora Lydia Ramsey (http://mannersthatsell.com). Seu *livro Manners that Sell: Adding the Polish that Builds Profits* é repleto de maneiras de alinhar sua aparência e presença com seus objetivos profissionais.

Inicie com um tailleur ou terninho para um visual mais conservador. Um tailleur é o mais profissional. Com algumas exceções, vestidos não oferecem a mesma credibilidade, a menos que estejam acompanhados de jaquetas que combinem.

As saias devem ser na altura dos joelhos ou pouco acima ou abaixo. Evite extremos. Uma saia com mais de cinco centímetros acima do joelho levanta sobrancelhas e perguntas.

As calças devem parar sobre o pé ou sapato. Enquanto calças capri e suas primas estilosas em diversos comprimentos, do meio da panturrilha ao tornozelo são a última tendência, elas estão fora do ambiente profissional conservador.

Blusas e suéteres proporcionam cor e variedade ao vestuário feminino, mas devem ser atraentes, e não reveladores. Decotes e linhas da cintura impróprios podem passar a impressão errada.

As mulheres devem usar meias-calças no mundo dos negócios. Meias em tons neutros ou claros são as melhores opções. Nunca vista meias escuras com roupas ou sapatos de cores claras. Mantenha um par de meias-calças extra em sua gaveta, a menos que a loja seja ao lado ou na rua do escritório.

O rosto deve ser o ponto focal nos negócios, não os pés, portanto escolha sapatos conservadores. Salto baixo é mais profissional do que sapatos retos ou de saltos altos. Apesar da moda atual e da mania de sandálias, sapatos que deixam o dedão ou a parte posterior dos pés à mostra não são trajes sociais. As sandálias não são apenas um risco à segurança, como também sugerem certa informalidade.

Quando se trata de acessórios e joias, menos é sempre mais. Simplifique: um anel por mão, um brinco por orelha. Os acessórios devem refletir sua personalidade, não diminuir sua credibilidade.

De modo geral, a maioria das mulheres que participam de eventos de networking e reuniões de negócios se veste profissionalmente, e provavelmente estou ensinando o vigário a rezar a missa, mas todos nós temos de ter consciência de como a exceção cria a percepção. Nem todos os homens olham fixamente para as partes do corpo de uma mulher, assim como nem todas as mulheres se vestem como se estivessem indo a uma rave, mas os poucos que fazem isso obtêm toda a atenção.

É como uma espécie de engarrafamento com um acidente ao final. Ninguém, de fato, deseja ficar parado no trânsito e quase todos se perguntam, irritados, o que é que os está atrasando. Esticamos o pescoço para ver o que está acontecendo. Quando finalmente chegamos à causa do problema, reduzimos a velocidade de nossos carros, olhamos estupidamente o terrível acidente e pioramos o engarrafamento. Essa não é a melhor maneira de passar o tempo no trânsito e não foi para isso que você veio, mas a cena é tão chamativa que você não consegue deixar de olhar. Para acrescentar: muitas pessoas pensarão consigo mesmas "Que diabos aquele cara fez para o carro abraçar a árvore desse jeito?", e a próxima coisa que eles saberão é que bateram na traseira do carro à frente, pois esqueceram o que estavam fazendo: ir do ponto A ao ponto B em segurança.

Uma ou duas pessoas criando distração no evento por estar fora do padrão de uma maneira negativa obtêm mais atenção do que as que fazem as coisas corretamente. Os homens acabam pensando que as mulheres vão a eventos de networking para arranjar encontros, conhecer homens ou se divertir. Esse não é o tipo de percepção que desejamos, pois leva a isto:

> *Descobri que sou mais cantada do que abordada por motivos profissionais em eventos de networking. Definitivamente, é um padrão.*

Claro que não temos de nos vestir como freiras ou como versões mais suaves de homens, mas de uma maneira como se alguém fosse nos ver na rua. É possível descobrir apenas pelo vestuário que estamos prestes a participar de um evento de negócios. Não deve haver dúvidas em relação a isso.

Agora, vamos adentrar os resultados da pesquisa com maior detalhamento.

Venda, indicação ou ambos?

Aquela sainha apertada e saltos altíssimos não apenas deixam de ajudar sua credibilidade, como também não atraem indicações. Ao se vestir, lembre-se da frase de uma autoridade anônima e confiável em consultoria de negócios:

"Sexo vende, mas não encaminha."

CAPÍTULO

2

Homens e mulheres: Tanto em comum, mas perspectivas e motivações tão diferentes

As pesquisas dizem: O networking foi importante para o seu sucesso?

Uma das primeiras perguntas que fizemos aos participantes da pesquisa foi se o networking era parte integrante de seu sucesso. Mais de 91% responderam que sim (ver Figura 2.1, na página 48): 91% é praticamente um maremoto em concordância de opinião. Quando foi a última vez que 91% dos homens e mulheres de negócios concordaram em algo? A união que eles criaram ao concordar tão plenamente nessa única questão representa um dado esmagador, além de um incentivo decisivo para a criação desta obra. Networking é crucial para o sucesso de profissionais em todo o mundo.

Há alguns meses, almocei com o presidente de uma universidade no sul da Califórnia e com o reitor de sua escola de negócios associada. Falamos sobre diversas coisas, mas o presidente solicitou especificamente minhas recomendações e orientações sobre como melhorar o ensino de seus estudantes na escola de negócios. Eu sequer tive de pensar a respeito. Disse para ele lecionar networking, capital social e inteligência emocional.

Damos às pessoas títulos de bacharel em Marketing, Administração e até Empreendedorismo, mas não ensinamos quase nada sobre o assunto que tecnicamente todas as pessoas afirmam ser especialmente importante: networking.

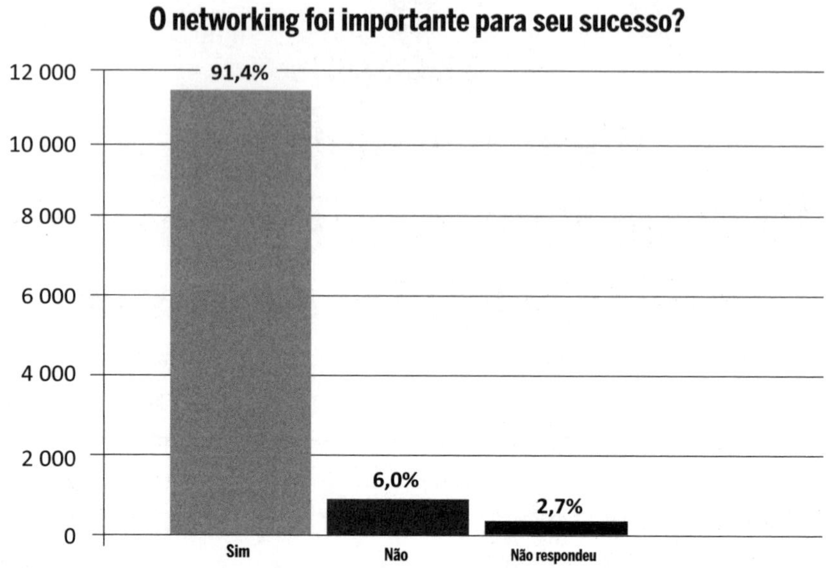

FIGURA 2.1: O networking foi importante para seu sucesso?

Quando ele me perguntou o porquê, eu disse que os empreendedores mais prósperos devem seus ganhos a recomendações obtidas através de networking e investimento no desenvolvimento de relações pessoais. Além disso, os fatores principais para interações bem-sucedidas em networking são o capital social e a inteligência emocional. Em outras palavras, profissionais de sucesso dedicam-se ao fortalecimento das relações pessoais, possuem habilidades aguçadas no que diz respeito à inteligência emocional (ou as desenvolvem), além de serem persistentes.

Riqueza imensurável

O que é, exatamente, inteligência emocional? Você deve ter escutado esse termo com grande frequência nos últimos tempos, visto que os pesquisadores estão descobrindo sua importância para prever o sucesso que uma pessoa obtém na vida. O assunto está mais em voga que o Q.I. (quociente intelectual). A inteligência emocional é a habilidade de identificar, ler, acessar e controlar as próprias emoções, assim como conhecer as emoções dos outros. Um quociente de inteligência emocional elevado resulta no máximo poder de conexão e melhoria da comunicação em todos os aspectos da vida.

Q.I., Q.E. e capital social

As pessoas podem ser contratadas por causa de seu quociente de inteligência (Q.I.), mas são promovidas em virtude de seu quociente emocional (Q.E.). O capital social refere-se aos recursos desenvolvidos através de relacionamentos pessoais e profissionais.

A abundância de descobertas sobre quociente emocional e capital social realizadas todos os dias é espantosa. Grandes progressos estão sendo feitos quando sociólogos, psicólogos e cientistas encontram conexões entre sucesso pessoal e profissional, saúde física e Q.E. extremamente desenvolvido, e capital social avançado.

Falei ao reitor sobre a importância desses aspectos na concretização de uma educação em negócios sólida, e perguntei o motivo de não serem oferecidos nos currículos das escolas de negócios em todos os lugares. Tanto o presidente como o reitor se entreolharam e, depois, o último respondeu, orgulhoso: "Meus professores nunca ensinam essa matéria aqui. É *soft science*".[2]

Como é? Enviamos nossos estudantes inexperientes para o cruel mundo dos negócios sem aquilo que tecnicamente todos os empreendedores afirmam ser um dos elementos mais importantes do sucesso? Damos diplomas de bacharel em Marketing, Negócios e até Empreendedorismo com uma migalha de ciência social ou prática em networking e queremos prepará-los para desenvolver uma rede de indicações confiáveis e clientes assíduos? Ensinar as pessoas a interagir de modo eficaz é *soft science*?

"E quanto à liderança?", perguntei ao reitor. "Você ensina liderança, não é? Como esses cursos são menos *soft science* do que networking?". Ele não tinha respostas.

Networking é um campo que finalmente está sendo sistematizado e estruturado. As *soft sciences*, assim como o capital social e o Q. E., estão sendo ensinados, mas infelizmente não pelas nossas principais escolas de

2 Termo que engloba ciências que têm o ser humano como objeto de estudo e não são baseadas em experimentos rígidos. Como exemplo de *soft science* temos a Sociologia e a Antropologia. (N.T.)

negócios. De forma muito semelhante a treinamentos avançados em vendas, o networking pode ser encontrado em programas de pós-graduação, como os do empreendedor Brian Tracy, e em organizações profissionais, como BNI e The Referral Institute.

O futuro da educação em negócios

Apesar dos benefícios da mídia social, o contato cara a cara ainda é a maneira mais eficaz e poderosa de atingir seus objetivos e ajudar os outros. Isso ainda não é ensinado satisfatoriamente na universidade.

Acredito que testemunharemos um maior progresso no cenário quanto mais as escolas de negócios abrirem suas portas a professores que desejam incluir networking em seu currículo de Marketing. Veremos, assim, escolas de negócios ensinando uma matéria que os profissionais do ramo afirmam ser importante, veremos empreendedores surgindo de universidades munidos de outra estratégia para o sucesso dos negócios, veremos networking sendo usado em plena capacidade no mundo dos negócios.

Wayne Baker, Ph. D., Robert P. Thome, professor de Administração e de gerenciamento e organizações do Stephen M. Ross School of Business, na Universidade de Michigan (http://waynebaker.org).

Networking é o mecanismo para o desenvolvimento de técnicas boca a boca e capital social em consonância, componentes extremamente importantes para a criação de negócios. As escolas de negócios ao redor do mundo precisam levar a sério o ensino desse elemento crucial para o sucesso. De forma muito parecida, negócios que se recusam a adotar tecnologias de ponta cairão por terra, assim como escolas que negligenciam a inclusão dessas disciplinas. Educadores com verdadeira experiência em negócios sabem disso e devem se sentir frustrados, admitindo a lacuna entre o mundo simulado na educação e o mundo real.

Muitos dos profissionais experientes que participaram de nosso estudo enfatizaram a importância das habilidades relacionadas a networking como uma parte integrante da compreensão dos negócios. Um entrevistado sentiu a força dessa prática como uma maneira de nivelar oportunidades:

O networking cria um nível equilibrado para homens e mulheres, nivelando-nos e permitindo que aprendamos com as experiências do outro, sejam boas ou ruins. Recomendo muito o networking para todos que desejam aprender, crescer e ser extremamente bem-sucedidos em sua jornada. Esse definitivamente é o ambiente no qual você pode atingir seus objetivos.

Outro participante foi um passo além, acrescentando uma opinião que muitos estudos confirmaram:

A maioria das oportunidades de negócios é encontrada ou criada através de networking.

Essas citações expressam como o networking é realmente marcante:

É interessante pensar em momentos marcantes (profissionais e pessoais) do passado e descobrir que eles se originaram de uma decisão muito pequena – em geral, uma escolha em conversar ou se encontrar com alguém, ou ainda alcançar um objetivo. Sabendo disso, sempre se valoriza cada novo contato como um momento marcante (para ambos os lados).

Anteriormente em minha carreira, pertenci a um clube para mulheres executivas. Durante essa associação, fui demitida de um emprego muito bom. Depois disso, compareci à reunião do grupo com o rabo entre as pernas, levantei-me para me apresentar – como de costume – e contei sobre meu dia a elas. Ao final da reunião, aquelas mulheres tinham três entrevistas para mim! Foi maravilhoso.

Quase todos os empregos que consegui durante minha carreira são resultado de networking. Em todos os casos, um amigo ou contato de negócios me indicou.

Quanto mais escolas de Marketing contratarem professores que incluam networking em seu currículo, mais o cenário progredirá. As escolas de negócios realmente honrarão o que os profissionais alegam ser importante, e os empreendedores sairão das universidades mais habilidosos e preparados para as estratégias de sucesso.

Agora vamos olhar os resultados da pesquisa para compreender como o networking é poderoso.

A importância do networking para o sucesso, por gênero

Como você pode ver na Figura 2.2, tanto mulheres como homens concordam que o networking desempenha um papel importante em seu sucesso. Porém, mais mulheres do que homens responderam positivamente; apesar da pequena diferença, ela é significante do ponto de vista estatístico.

Alguns participantes, como o responsável pela afirmação a seguir, acreditam que as mulheres, de fato, são melhores para networking do que os homens:

> *As mulheres se saem melhor em networking do que os homens. Elas demoram mais tempo para confiar nas pessoas, mas se utilizar abordagens não ameaçadoras e fizer follow-up, você será bem-sucedido.*

Diferenças ficaram ainda mais aparentes quando os dados foram dispostos lado a lado para comparação das respostas "sim" e "não". Observe na Figura 2.3, página 53, que os homens – por uma margem levemente ampla – representam uma porcentagem muito maior do grupo que acreditava que o networking não foi importante para o sucesso. Você notará que as pessoas que disseram "não" tendem a ser homens, representando quase 60%. Já entre as mulheres, apenas 40% delas não acreditava no networking como parte de seu sucesso. Apesar de a maioria das pessoas ter confirmado a importância do networking para seu sucesso, podemos notar a leve diferença quando comparamos as respostas de homens e mulheres.

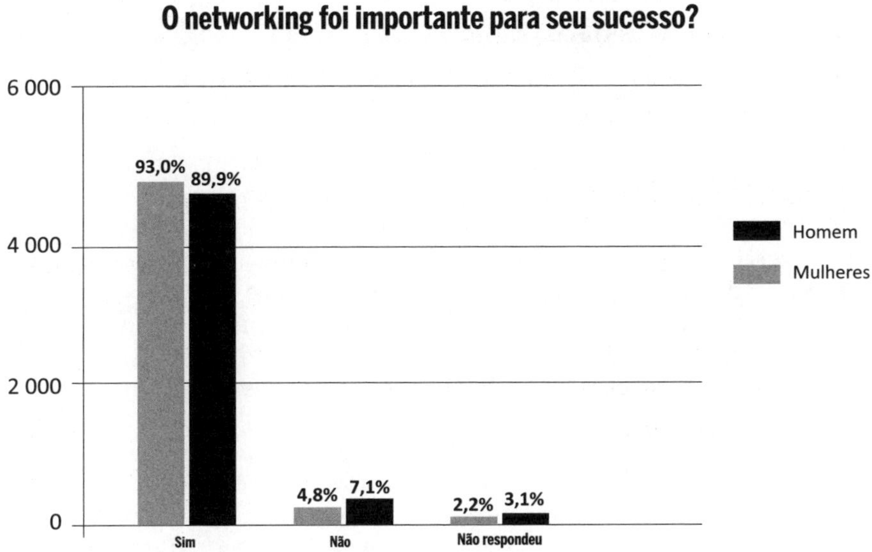

FIGURA 2.2: a importância do networking para o sucesso, por gênero.

O networking foi importante para seu sucesso? (por gênero)

	Sim	Não	Total de respostas
Mulheres	**50,7% (5 709)**	40,1% (294)	**50,0% (6 003)**
Homens	49,3% (5 561)	**59,9% (440)**	50% (6 001)
Pergunta respondida	11 270	734	**12 004**
Pergunta não respondida			0

FIGURA 2.3: Atribuição de sucesso ao networking, por gênero.

O que "estatisticamente significante" significa?

"Estatisticamente significante" é um termo que, algumas vezes, confunde as pessoas. É usado quando os resultados são sólidos e, se o mesmo estudo fosse realizado mais 100 vezes, 95 (ou mais) dos resultados seriam iguais.

Imagine que você está participando de uma maratona e todas as condições são perfeitas no dia em que a corrida acontece. A temperatura é de confortáveis 15°C, você está com shorts e camiseta confortáveis, sente-se em forma e bem preparado. Há apenas uma pequenina coisa que não se encaixa na categoria perfeição. É algo que você percebeu por volta do oitavo quilômetro: uma minúscula pedrinha em seu tênis. Embora seja tão pequena que você mal a veria se tivesse tempo para tirar o tênis, a bolha que ela provoca poderia fazê-lo se apressar ou atrapalhar seu tempo. Uma pedrinha em um tênis é, portanto, estatisticamente significante, embora muito pequena.

Como você pode compreender dessa analogia, "estatisticamente significante" também significa que o mínimo resultado é algo que não pode ser ignorado e geralmente indica ou provoca outras coisas.

E por que mais mulheres do que homens acreditam na importância do networking para seu sucesso? Alguns dos comentários dos participantes da pesquisa lançaram uma luz sobre a resposta, como mostrado a seguir:

> *Acredito que meu sucesso no networking e o fato de receber indicações se dão por causa da minha capacidade nata de cultivar. Esse aspecto é o que me faz ver um projeto até o final, para me certificar de que meu cliente obtenha êxito. Esse mesmo ímpeto faz com que eu seja um bom* networker, *mas não do tipo agressivo. O instinto de cultivar pode ser a maior diferença entre os homens e as mulheres em networking.*

Está fora de nosso alcance saber se as mulheres são, de modo geral, mais "cultivadoras" do que os homens. No entanto, os participantes tocaram em pontos importantes:

> *Mulheres são cautelosas com os outros e levam tempo para descobrir algo sobre as pessoas.*

> *Mulheres se refletem em algumas de suas práticas ao longo da vida, táticas sociais adquiridas na infância, nas reuniões de networking. Elas buscam um denominador comum com as demais e fazem perguntas que demonstram interesse, por exemplo, se foi difícil ou não encontrar vaga para estacionar.*

Será que o mesmo poderia ser afirmado sobre os homens? Será que as experiências sociais precoces que ocorreram no tanquinho de areia moldam o comportamento, os valores e as perspectivas de cada gênero de maneira essencial, influenciando suas agendas de networking na vida adulta? A mulher que compartilhou o comentário acima certamente acredita que sim.

Tanto nossos dados como os comentários dos participantes revelam que as mulheres valorizam os aspectos relacionais do networking e enfatizam a importância de passar algum tempo conhecendo seus colegas. Aqui vai um exemplo:

> *O círculo de mulheres com que me conecto realmente me dá muito apoio. Associei-me em 1999 e desde então cresci profissionalmente, assim como as demais. Eu perdi minha mãe e minha irmã nesse meio-tempo. Tendo em mente que essas mulheres sabiam pelo que eu estava passando e que eu era uma inspiração para elas, pela forma como lidei com o trabalho durante tudo isso, tive a melhor das sensações. Com homens, nunca vivi nada parecido.*

Mais uma vez, temos uma participante do sexo feminino dando crédito ao comportamento acolhedor das colegas do mesmo gênero como um componente importante de sua experiência em networking – explicitando que os homens com quem lidou eram diferentes nesse aspecto.

Ele diz...

A primeira coisa que temos de definir é como o sucesso é diferente para homens e mulheres. Compreender o que é importante para cada gênero nos ajudará a entender por que eles usam determinados critérios para julgarem-se bem-sucedidos (ou não). Tal entendimento não serve apenas para nos dar uma sensação de conforto e de estar em sintonia – porque não estamos! Somos muito diferentes no que diz respeito ao que nos motiva. Compreender o que motiva cada um dos gêneros proporciona uma vantagem interior tanto para a comunicação nos negócios como no aspecto pessoal e, finalmente, ajuda a atingir resultados melhores. Desvendar o que homens e mulheres definem como sucesso também mostrará por que as mulheres se classificam positivamente mais do que os homens.

Se pedirmos a um homem para definir se seus esforços relacionados a networking foram bem-sucedidos, obteremos uma resposta baseada em quantos acordos ele fechou como resultado. Há um pequeno ábaco em sua cabeça, e as contas do instrumento estão fazendo barulho, registrando quantas conversas chegaram à realização monetária. Quando as contas do ábaco totalizarem um resultado satisfatório para o indivíduo, isso é sucesso para ele. Ele se motiva com a ideia de produzir e adquirir, desde suas raízes antigas e pré-históricas.

De volta aos tempos em que habitávamos as cavernas, as coisas não eram muito diferentes, na verdade. Consigo me imaginar naquela época, levando comida para minha família, em casa, sentindo-me satisfeito e orgulhoso de meus feitos, que hoje se traduzem em como "fechar negócios". Minha autoestima de homem das cavernas seria maior se eu fizesse com que nada faltasse. O que eu trouxesse para casa seria o objetivo e o responsável por definir quão bem-sucedido eu era.

Ela comenta...

Consigo até imaginar o grunhido de satisfação e a tanga apropriada para a caça.

Ele responde...

Ok, tangas à parte, realmente é possível fazer uma associação com nossos primórdios nas cavernas. Exatamente como o homem primitivo definiu algumas características que o homem moderno ainda apresenta, imagine que a diva da caverna se foi, obtendo uma rede de irmãs das cavernas com o objetivo de criar os filhos, juntando recursos e apoiando umas às outras comunitariamente naqueles tempos difíceis.

De modo semelhante, se você pedir para a mulher moderna avaliar seu sucesso em networking, o pequeno ábaco em sua cabeça estralará com todas as novas relações desenvolvidas por ela. Se o número for elevado, ela se considerará bem-sucedida. Ela também pode quantificar o sucesso com quanto enriqueceu a qualidade das relações atuais e melhorou suas redes e habilidades de conversação.

O que aconteceu com o objetivo final? Como pode haver sucesso sem metas? Quão improdutivo e tolo é isso? Espera-se que o networking objetive resultados que se traduzem em acordos. Não se trata de desenvolver amizades e se divertir, tampouco se espera que vise simplesmente o desenvolvimento de relacionamentos infinitos que não produzem nada. Tudo diz respeito ao que você obtém de cada relação.

O que é espalhafatosamente óbvio nesse momento é que homens e mulheres definem sucesso de modos diferentes. Temos nossas próprias definições a respeito disso, tomando por base o que consideramos objetivos desejáveis. Para os homens, isso é quantificado por vendas grandes, maiores lucros, expansão de território, novas oportunidades de negócios, produtos ou serviços que podemos vender e alianças estratégicas que podem resultar em mais negócios no futuro.

Particularmente, prefiro ter menos pessoas em minha rede e obter lucros do que dezenas de novas conexões amigáveis que não me trazem nenhum tostão! Homens, vocês estão comigo? Concordam que tudo o que o networking objetiva é engordar o lucro final?

Time masculino, lamento muito ter de fazer isso: se vocês concordaram comigo nesse ponto, é porque estão errados. Se administram a agenda de conexões dessa forma, muito provavelmente vocês perderão muitos negócios. Ficar se movimentando confortavelmente em círculos de networking para atingir sempre a maior meta exige que se faça algumas coisas de maneira diferente depois de algum tempo. Antes de tudo, vocês devem seguir as regras das mulheres em vez das suas. Elas desejam relações mais sólidas, e se vocês respeitarem isso, não apenas aumentarão seu círculo de confiança com as moças, mas suas novas habilidades de relacionamento também permitirão que desenvolvam conexões mais duradouras com homens.

Ela comenta...

Quando nós, mulheres, fortalecemos ao longo do tempo as bases das relações com provas de lealdade e desempenho de qualidade, sentimos que aquela ponte de força e confiança começa a se desenvolver. Isso é uma relação! Uma vez que a confiança começa a aumentar, nós temos segurança. Quando a segurança e a confiança são alcançadas, os resultados relacionados a negócios verdadeiros e contínuos surgirão. Não parece uma forma mais positiva de fazer as coisas, rapazes? Não parece uma maneira melhor de saber em quem confiar, quem os deixará na mão e quem os fará vitoriosos antes de sua reputação estar ameaçada, e antes de entrar naquele grupo mais fechado?

Ele responde...

Nós, homens, não fazemos exatamente dessa maneira, não é? Se estou conectado a alguém, com o objetivo de um ganho financeiro, e depois percebo que ele não é mais vantajoso para mim, não continuo fazendo esforços para a relação ir adiante.

Espere um minuto. Isso realmente faz sentido, rapazes? Vocês, de fato, conseguem determinar rapidamente se uma conexão resultará em lucro, mais tarde? É possível prever quem fará sua próxima indicação proveitosa e quando dará uma a vocês?

Sem dúvida, não estou sugerindo que esqueçam o objetivo ou o removam de sua definição de sucesso. O que estou incentivando firmemente é que expandam tal definição para incluir o processo de fortalecimento de relações, a fim de render mais negócios com o passar do tempo.

Mais uma pergunta: vocês se lembram de qual foi a última pessoa com quem decidiram não manter mais contato somente porque não estava lhe beneficiando? E como vocês têm certeza de que ela não lhe trará uma boa indicação no futuro? Deixem isso pairar em sua mente por alguns instantes. Mas não se alarmem.

A trajetória de um homem através da realização de networking feminino

Compreendi, desde o início de minha carreira, que conhecer pessoas era importante. Ao esquematizar permanecer no topo expondo meu negócio, sempre soube que as maneiras mais eficientes de me destacar estavam ligadas aos eventos de vendas mais produtivos. Embora compreendesse a importância de me conectar socialmente para aumentar o lucro, não chamava isso de networking; ao contrário, apenas imaginava que estivesse conhecendo pessoas.

Quando aprendi o conceito de redes concentradas e estruturadas, eu me empolguei. Pensei o quão apropriado e enriquecedor era o desenvolvimento estratégico dos relacionamentos com o objetivo de as pessoas se ajudarem a obter destaque nos negócios. Na verdade, imaginei que fosse muito bom nisso.

No início, pareceu funcionar. Meu negócio cresceu, assim como os pedidos de vendas, as indicações e as razões dos acordos. Considerei-me bem-sucedido em networking. Porém, não era tão consistente quanto imaginava e, à medida que o tempo passava, perdi efetividade. Naturalmente, considerei isso um sinal de que precisava aumentar meu círculo de pessoas, então convidei outras a participar de minha rede; também aumentei os pedidos de orientações e indicações. Depois, minha rede se reduziu ainda mais, e fiquei quebrado.

Enquanto lutava para compreender por que meu trabalho tão duro não estava dando resultados, lembrei-me de uma citação que ouvira anos antes: "O que você está fazendo não importa tanto quanto como você está fazendo". Humm. Eu realmente havia parado de refletir sobre como estava trabalhando. Eu estava trabalhando de modo inteligente ou duro? Percebi que era o último. Estava simplesmente investindo muito nas suadas recompensas, sem compreender a ciência por trás disso nem a maneira mais eficiente de fazer as coisas. Eu estava apenas fazendo o que sempre se diz: trabalhando muito duro e pensando que aquilo por si só faria as coisas acontecerem.

Então, descobri as reuniões de referência. Embora a ideia tivesse despertado meu interesse, meu gene cético de nova-iorquino zombou: "Sim, está certo. Uma reunião em que pessoas dão e recebem indicações de negócios uns aos outros realmente dá certo? Então, eu sou o Príncipe Encantado". O cético dentro de mim venceu e eu não compareci àquela reunião, tampouco aceitei os muitos convites que vieram durante os seis meses seguintes.

Por algum motivo desconhecido, finalmente me vi em uma dessas reuniões, e seu modo de funcionamento de fato me acertou em cheio. A oportunidade contida naquelas reuniões semanais de ser encaminhado a milhares de dólares me fisgou. Aquelas foram minhas primeiras reuniões da BNI, e iniciaram o processo de aprendizagem que modificou a forma como eu enxergava as relações de negócios e minha educação no uso eficaz de networking. Comecei a trabalhar de modo mais sábio em vez de apenas intenso – o que faz toda a diferença. Atuar de modo inteligente permitiu que me concentrasse mais ardentemente no que, de fato, queria fazer, e atingi maiores resultados em menos tempo. Lembro-me de pensar no que eu queria fazer anteriormente em minha carreira. Eu era um tanto belicoso – e ainda sou assim.

O motivo para contar a vocês essa história é enfatizar a importância de se sustentar as atuais e inovadoras práticas de negócios e práticas sociais. Muito embora os humanos tenham se agrupado desde que os dinossauros eram nossa maior preocupação, o mundo mudou nos últimos anos, e o modo com que nos conectamos e nos comunicamos uns com os outros se modificou com ele.

Ela comenta...

A pergunta da minha mãe vem à mente: "Você foi criado na caverna?". Embora isso geralmente se refira a utilizar o garfo de forma errada, os métodos sociais modernos são mais ou menos escolhidos de modo silencioso pelas sociedades. Se você não observá-los, não ganha a sobremesa. Ou o negócio.

Ele responde...

Sim, temos de nos manter informados e treinados nos mais novos progressos da comunicação em negócios, ou então seremos passados para trás. Ser deixado para trás significa estar fora do negócio e ponto final.

Em empresas profissionais de networking, de forma muito semelhante à época do parquinho, pessoas de ambos os gêneros podem aprender técnicas uns com os outros. Isso torna as experiências mais ricas e produtivas para todos.

Homens, prestem atenção! Nossa definição de sucesso não é a que parece óbvia. Precisamos estabelecer relações a longo prazo, sabendo que a indicação de uma pessoa cinco anos adiante pode elevar nosso objetivo financeiro ao máximo pelo ano inteiro. Se eu não dei a você uma indicação durante cinco anos e depois desse tempo lhe dou a mais valiosa de todas, não valeu a pena esperar?

Ela diz...

De nosso grupo de profissionais, 91% afirmaram que o networking foi importante para seu sucesso. Isso, naturalmente, não gera uma necessidade de compreender os estilos de comunicação entre gêneros e culturas? O programa "Sala Repleta de Referências", do The Referral Institute, tem por objetivo identificar o estilo de comportamento de cada um dos participantes, de modo que possamos reconhecê-los em uma reunião verdadeira, falar a língua que eles compreendem melhor e observar o que é importante de fato. Resumindo: permite que nos conectemos com cada pessoa do modo único com que elas gostam de ser contatadas.

Quanto mais estudamos e aprendemos sobre o outro, mais sucesso obtemos ao estabelecer networking. As mulheres tiveram de aprender como os homens gostam de se conectar e o que os faz se sentir confortáveis e bem-sucedidos. Essa aprendizagem pode desencadear maior respeito e credibilidade no momento em que eles observarem que nós estamos fazendo o que é importante para eles.

Networking diz respeito a interação física com humanos verdadeiros e feitos de carne e osso, e não apenas através da internet ou do telefone. A popularidade das redes sociais às vezes camufla a importância do relacionamento à moda antiga e deixa o processo incompleto.Você não pode simplesmente se sentar à frente do computador, fazer amigos virtuais ou participar de uma reunião de networking online, e esperar que se estabeleça um círculo real de indicações com o qual possa contar.Você gostaria de receber referências de profissionais que não conheceu pessoalmente e sem ter provas de ética profissional nenhuma? Você se responsabiliza por alguém e tem alguém que faça o mesmo por você apenas através do contato cibernético?

Ele comenta...

Francamente, irmã! Sei que tendo a ser decidido quando se trata de ter certeza de conseguir aquele negócio, mas investir tempo em redes e confiança contando com o lucro final a partir de uma conexão virtual faz com que me sinta um pouco desconfortável.

Ela responde...

Tudo se resume a cada gênero compreender o outro, e não é possível fazer isso sem prática e observação cara a cara.

Mulheres, a outra metade da população é composta por homens, não é? Então, não seria de grande valia aprender a se conectar na língua deles? Isso nos tornará mais bem-sucedidas, sem mencionar o fato de tornar todo o processo muito mais divertido. Segurem firme suas bolsas, será uma corrida maluca!

Os gêneros consideram networking importante para o sucesso

Do grupo das mulheres, 93% acreditam que o networking foi importante para seu sucesso, contra 89,9% do grupo dos homens. Pode não parecer uma grande diferença em números, mas como Ivan Misner (vulgo "As pesquisas") definiu, é "significante do ponto de vista estatístico" (tenho certeza de que você se lembra da história do minúsculo pedregulho no tênis do maratonista e compreende o motivo para se manter informado sobre os números).

Moças, alguma de vocês está chocada com o fato de mais homens do que mulheres se sentirem responsáveis pelo próprio sucesso sem o auxílio de outras pessoas? Tenho certeza de que eles também se sentem totalmente responsáveis por seus próprios nascimentos e criações. Coitadas de suas mães!

Isso tem relação direta com o modo pelo qual os homens responderam à pergunta "Como você aprendeu a estabelecer networking?". Muitos disseram que aprenderam por conta própria, portanto, faz sentido que também não atribuam parte de seu sucesso ao networking. Oras bolas! São os mesmos caras que não param para pedir informação, tendo um tanque de combustível marcando "vazio" no meio do deserto e uma mulher em trabalho de parto no carro.

Ele comenta...

Você não acha que pode estar exagerando um pouquinho?

Ela responde...

Talvez. Voltemos aos resultados da pesquisa para ajudar a ilustrar minha posição. Não é de surpreender que mais mulheres do que homens afirmem que o networking contribuiu para o sucesso quando se pensa em quão colaborativas somos por natureza. Utilizemos os tempos das cavernas como exemplo, Frank, e imaginemos todas as coisas que as mulheres faziam para formar uma comunidade, dentre elas, trabalhar em turnos para manter as fogueiras acesas enquanto o "super-homem" estava fora caçando ou afiando suas lanças. Imaginemos aquelas mulheres coletando madeira da floresta ao redor enquanto cuidavam dos filhos do clã ou até cuidavam dos bebês umas das outras. Elas tiveram que formar grupos e colaborar para sobreviver, e isso ainda é uma realidade, embora menos em grau de sobrevivência, mais em grau de progresso.

A questão mais importante a ser investigada é o fato de sucesso ser definido de modo diferente por cada gênero e o motivo disso. Durante uma de nossas conferências para a elaboração deste livro, Frank ("Ele diz") e eu estudamos minuciosamente dados estatísticos que revelam uma complexa conversa sobre o assunto. O fato de as mulheres serem mais voltadas às relações, e os homens, aos negócios, parece moldar diretamente as definições de sucesso de cada um, assim como as identidades pessoais e os níveis de autoestima dependem do quão bem se destacam nessas áreas. Tal assunto merecia uma pesquisa inteira.

Considere a informação do dr. Jeff Cornwall, cofundador, presidente e CEO da Atlantic Behavioral Health Systems, autor de seis livros sobre empreendedorismo:

> *Ao longo das últimas duas décadas, observamos um aumento constante do número de mulheres empreendedoras. Enquanto o número de mulheres que escolhe essa carreira como caminho aproxima-se do de suas contrapartes, os fatores que motivam ou impulsionam as empreendedoras são relativamente distintos.*
>
> *Muitos empreendedores do sexo feminino e, obviamente, um número crescente de empreendedores do sexo masculino limitam de modo deliberado o crescimento de seus negócios para se permitirem ganhar tempo para seguir seus interesses além do escritório. Querem passar momentos com a família, na igreja ou na comunidade, ou seguir outros interesses, como hobbies ou viagens.*

Erin Albert, autor de *Single. Women. Entrepreneurs.*, acrescenta: "As mulheres, principalmente das gerações X e Y, desejam abrir seu próprio negócio, querendo que suas vidas e aspirações trabalhem em maior harmonia. Por causa disso, optam por limitar o tamanho de seus negócios e não buscam financiamentos de investidores externos nem empréstimos para estimular mais crescimento".

É por minha experiência de anos em treinamentos ministrados a mulheres e homens que considero a definição do que é mais importante a principal causa de atrito, sem mencionar todos os obstáculos no processo de estabelecer networking entre os gêneros. Também acredito que deva ser destacado o fato de as mulheres acharem que não são levadas a sério pelos homens com quem se conectam. As participantes espelham-se nas seguintes experiências:

> *Os homens nem sempre demonstram respeito pelas mulheres em situações de networking.*
>
> *Quando uma mulher se levanta para dizer que vende cosméticos e maquiagem, ou roupas de marcas famosas em domicílio, de modo que você pode adquirir peças confortavelmente em sua sala de estar com amigas em vez de enfrentar a multidão no shopping, geralmente há suspiros, risinhos e murmúrios por parte dos homens da sala. Não fica claro se eles estão simplesmente fazendo piada sobre não quererem dar às esposas outro motivo para gastar seu dinheiro tão suado, ou se é o rebaixamento da profissão da mulher que está em questão. De fato, depara-se com um ambiente desrespeitoso e sem incentivo, mesmo que não seja a intenção dos homens.*

Os homens com quem me conecto leram o que Erin Albert e Jeff Cornwall tinham a dizer e, além disso, justificaram não levar as mulheres a sério com tais hipóteses:

Elas não devem ser as principais provedoras da família.

Elas não levam seus negócios a sério.

É apenas um hobby de meio período, não um negócio.

Elas devem ter outras fontes de renda.

Automaticamente, os homens dispensaram essas mulheres, presumindo não serem sérias em relação aos negócios, e por serem contrários ao estilo casual de um negócio social, como a venda de roupas em domicílio. Porém, tais empresas realmente prosperam e um dos exemplos é Denise Praul, do Accurate Tax Management (http://accuratetaxmgmt.com). Seu negócio é considerado um estilo de vida, o qual leva bastante a sério. Pelo fato de ser uma mulher solteira que pode fazer o que deseja, ela molda o negócio para corresponder à sua vida, e caminha muito bem. Mais glórias: ela é a única profissional em seu Estado com suas referências, tendo obtido direito para certificações que normalmente apenas empregados do governo conseguem. Ela se dedicou durante anos para essa oportunidade e foi finalmente agraciada com o privilégio de assistir às aulas no ano passado.

Rapazes, o que parece um problema?

Os homens criam problemas para si mesmos quando falham ao reconhecer e respeitar outros profissionais de negócios. A percepção limitada de apenas aplaudir um negócio que apresenta os mesmos objetivos que o seu é algo infeliz. Pelo simples fato de alguns desses negócios recorrerem a um modelo diferente (vendas sociais ou em domicílio) e utilizarem mais o boca a boca e as habilidades de bater um papo para criar uma apresentação em vendas, não são reconhecidos como importantes pelo simples fato de os homens não os valorizarem. É uma grande pena que eles não enxerguem que, ao final da fase de "captação", há aquisição, produção e benefícios em dinheiro vivo a serem obtidos.

Cosméticos Mary Kay é um exemplo perfeito de negócio que os homens tendem a não levar a sério ou reconhecer como valoroso. Como é de propriedade privada e porque não divulga informações financeiras, utilizamos alguns dados disponíveis na Wikipédia, que foram retirados de relatórios de lucro de muitos contraentes do mundo. Fundada em 1963 e com uma força de venda de US$ 1,8 milhões, especula-se que a Mary Kay tenha faturado US$ 2,5 bilhões em 2010.

Noto um comportamento surpreendente dos homens quando há uma representante da Mary Kay em uma de nossas reuniões de networking. Observo com assombro quando a representante fala sobre seu negócio e é recebida com total descaso. Os homens fingem que não ouvem o que ela fala, discutem seus próprios assuntos em conversas, fazem piadas ou riem com escárnio. Talvez devessem olhar para as cifras de vendas e considerar essa empresa tão bem-sucedida e capaz de lhes propiciar algumas boas referências quanto qualquer outra que eles levam a sério. Homens, vocês fazem coisas ridículas que acabam apenas ferindo a si mesmos.

Mary Kay, o arquiteto e o paisagista

Soa como um conto de fadas, não é? O que um arquiteto, um paisagista e uma representante de vendas da Mary Kay têm em comum? Networking! Uma divisão específica da BNI em Indianópolis possui muitos tipos de profissionais, inclusive esses três.

Certa tarde, a representante da Mary Kay, Laurie Colby, ouviu um amigo dizer o quanto se sentia infeliz com a construção de seu restaurante. Havia todos os tipos de problemas que precisavam ser resolvidos. Ela informou que tinha uma rede de pessoas habilitadas para ajudá-lo. Laurie apresentou ao dono do restaurante um de seus associados, Paul Ewer, da Quantum Architecture, que assumiu a tarefa. Ele, então, passou a indicação para outro membro da rede, que refez todo o projeto do restaurante. Muitos outros membros da rede também foram chamados a ajudar.

Enquanto essa história é um ótimo testemunho da importância de não subestimar o negócio de uma mulher, há muito a se fazer. Por meio dessa conexão, Paul obteve um contrato para construir uma rede de restaurantes pelos Estados Unidos. Essa ligação veio a ser um dos contratos mais financeiramente valiosos da história da empresa de Paul.

Ele afirmou nunca ter considerado a possibilidade de conseguir tamanho contrato através de alguém que vende cosméticos, mas agora não subestimará a conexão de uma mulher, não importando como ela ganhe a vida!

Descobri uma situação inversa em outro grupo observado, do qual faziam parte apenas duas mulheres. Quando perguntei a um homem por que era tão dominado pelo sexo masculino, ele explicou: "Simplesmente não conseguimos encontrar mulheres que levem seus negócios a sério". É possível que eles façam parte desse ciclo negativo de equívocos e que a percepção sobre a maioria das empreendedoras do sexo feminino que conheceram esteja distorcida. Eles não enxergam o potencial de incluí-las em seu círculo, ou seja, limitam as próprias habilidades em ganhar dinheiro.

Talvez a definição de sucesso em networking seja diferente para cada um de nós. Porém, se buscamos ser mais bem-sucedidos, devemos nos aproximar uns dos outros com a mente aberta e com o desejo de aprender e aceitar diferentes valores. Seguir com o ímpeto de compreensão pode construir relações mais fortes com nossos membros e colegas de redes, homens e mulheres.

Ouça os mestres

"Somos escravos de tudo que não compreendemos."
Vernon Howard
"Se alguém não compreende uma pessoa, tende a julgá-la tola."
Carl Jung

As pesquisas dizem: Habilidades em networking

Consideramos interessante verificar se homens e mulheres aprenderam a estabelecer networking de outro modo. Perguntamos então aos participantes como aprenderam a se conectar. Muitos deles afirmaram que tudo que precisavam veio simplesmente da interação com grupos de networking. Tais organizações geralmente possuem seus próprios programas de treinamento e materiais, o que não é de se surpreender: sustentam a velha sabedoria de aprender fazendo, ou de aprender no trabalho, pois as pessoas se desenvolvem mais rapidamente vendo as outras trabalharem, cometendo erros e corrigindo-os. O aprendizado prático ocorre de modo mais rápido quando se adquire uma habilidade que envolva interação.

A maioria dos participantes escolheu mais de um método de treinamento. Quase metade citou apenas o trabalho solitário como sendo sua ferramenta de treinamento, mas muitas dessas pessoas também concordaram quanto à participação em grupos de networking ou leitura de livros e artigos como ferramentas importantes. Mais de 25% receberam orientação de alguém, o que é considerado uma das maneiras mais eficientes de aprender algo.

Muitas mulheres participantes da pesquisa mencionaram a orientação como uma maneira de aprender sobre networking. Aqui vai apenas um exemplo:

> *É legal orientar e conectar-se com outras pessoas. Mulheres e homens possuem forças de negócios únicas, e eu não conheceria meu negócio tão bem se não fosse instruída por ambos.*

De acordo com a pesquisa, mulheres aprendem a estabelecer networking de maneira mais estruturada que os homens. As diferenças não foram gritantes, mas, sem dúvida, estatisticamente significantes. O mais interessante é que as ferramentas ou os suportes utilizados por mulheres variaram bastante, mas todas superaram a alternativa "trabalhar sozinho". Em outras palavras, o que elas têm em comum é que não trabalham sozinhas, e os métodos escolhidos abrangeram as muitas ferramentas disponíveis.

Mulheres são mais propensas a aprender com a leitura de livros ou artigos, assistindo a seminários ou a aulas, sendo orientadas ou participando de grupos de networking. De modo inverso, o único método de aprendizado que os homens adotaram mais do que as mulheres foi – espere só... espere... – "trabalhar sozinhos". Que surpreendente!

Como você desenvolveu suas habilidades em networking?
(Você pode escolher mais de uma resposta.)

	Lendo livros ou artigos	Assistindo a seminários ou aulas	Sendo treinado por alguém	Trabalhando sozinho	Participando de grupo(s) de networking	Total de respostas
Sexo feminino	**52,4% (2 786)**	**54,7% (2 452)**	**54,2% (1 541)**	46,1% (2 510)	**52,4% (4 577)**	**50,1% (5 562)**
Sexo masculino	47,6% (2 529)	45,3% (2 027)	45,8% (1 301)	**53,9% (2 929)**	47,6% (4 153)	49,4% (5 539)
Pergunta formulada	5 313	4 479	2 842	5 439	8 729	**11 101**
Pergunta não respondida						2

FIGURA 2.4: Como os homens e as mulheres desenvolvem suas habilidades em networking.

Uma mulher que participou da pesquisa relatou:

> *Muitas pessoas me dizem que quem melhor estabelece redes são suas mães. Concordo com isso. Minha própria mãe é brilhante. Eu nunca conheci alguém que diga que o pai era melhor que a mãe em networking. Por que isso?*

Veja bem, senhora, temo que a resposta à sua pergunta seja que as mulheres parecem fazer muito mais a lição de casa do que os homens! Com base nessa pesquisa abrangente, parece que os homens simplesmente improvisam muito mais do que as mulheres.

Em suma, embora homens e mulheres sintam que, substancialmente, o networking é importante para o sucesso, parece ser um fator de maior peso para as mulheres. Houve bastante concordância entre ambos em se tratando de métodos de aprendizagem em networking, mas as mulheres foram muito mais propensas a tirar vantagem das oportunidades de aprendizado estruturado, em oposição a aprender por conta própria.

Ele diz...

As mulheres leem mais, assistem a mais seminários, fazem mais uso da instrução de mentores e participam de grupos de networking com maior frequência do que os homens. Homens, espero que se sintam constrangidos com isso! Que triste! Por que a única área em que sobressaímos foi trabalhar por conta própria? Agora estou realmente envergonhado por ser homem, não apenas pelo fato de fazermos menos do que as mulheres para nos superarmos, mas também por estarmos dispostos a admiti-lo publicamente, sem vergonha, e até com uma pontinha de orgulho ignorante. (Rapazes, vocês poderiam ao menos ter mentido na pesquisa!)

Isso me lembra aquelas pessoas que se gabam por utilizar apenas 10% de seus cérebros, quando se estima que a capacidade humana inexplorada é de 90%. Você nunca ouviu uma mulher dizer isso, não é? Não. Apenas homens. Ser burro é uma coisa, admitir isso sem sentir vergonha ou intenção de melhorar é outra. Gabar-se é simplesmente idiota!

Ela comenta...

Ei, não seja tão duro consigo mesmo! Sempre soube que você entenderia um dia, finalmente. Esperarei aqui com um café quente e fresquinho quando você acordar.

Ele comenta...

Obrigado, Hazel!

Rapazes, somos realmente tão teimosos a ponto de não nos dispormos a empregar tempo, dinheiro e energia em aprender continuamente? Por quê? Por que sentimos que não precisamos dessas ferramentas? Isso não faz sentido. Pensemos em todos os demais instrumentos ao longo da história, os quais reconhecemos como necessários, desenvolvemos e usamos para nosso benefício.

De volta às velhas analogias com os homens das cavernas. Lembro-me da crença popular de os antigos humanos terem inventado a roda ao deslizar um pedregulho colina abaixo. Quando se deram conta de quão mais rápido eles se deslocavam sobre rodas (mesmo que caíssem de cara nas primeiras vezes), uma ideia nasceu. Aquele cérebro menos desenvolvido era capaz de enxergar uma vantagem e fazer uso dela. Quase mais importante, agora que a roda (carro) foi inventada e é amplamente usada, há pouquíssimas pessoas que simplesmente recorrem às ferramentas antigas (pernas) e caminham 32 quilômetros até o trabalho. Moral da história: quando os recursos estão disponíveis para ajudá-lo a alcançar o sucesso, utilize-os!

Culpa da Biologia?

O desejo de parecer bacana e autossuficiente é um mistério. Não temos certeza se suas raízes são primitivas ou relacionadas ao ego. John Gray, Ph.D. e autor do famoso livro *Homens são de Marte, mulheres são de Vênus*, traz algum esclarecimento sobre o assunto:

> *Realmente ocorre um reforço biológico, um ciclo de realimentação que recompensa os homens internamente ao fazer coisas por conta*

própria. Quando consigo concluir algo sozinho, sem a ajuda dos outros, testosterona é liberada – o que diminui meu nível de estresse. Se eu tiver de depender dos outros, os níveis de testosterona começam a cair, e os de estrógeno, a aumentar, o que também dá suporte à elevação dos níveis de estresse.

É evidente que, quando os homens se encontram em atividades competitivas, seus níveis de estresse caem. Quando estão envolvidos em atividades cooperativas e dependentes de outros, como em relacionamentos harmônicos, os níveis de estresse, de fato, se elevam. Esses são alguns dos exemplos psicológicos para dar apoio ao que você observa até em crianças pequenas. Os menininhos querem fazer coisas de modo mais independente, mais à sua maneira. Eles desejam provar que fizeram sozinhos, pois quando você faz algo por conta própria, isso tende a ser uma atividade que estimula a produção de testosterona, enquanto que quando faz algo com outra pessoa há estímulos na produção de estrogênio e oxitocina. Este último é um hormônio que comprovadamente diminui os níveis de estresse nas mulheres.

Ela comenta...

Pergunto-me se os seres humanos primitivos olhavam ao redor para ver quem os observou enquanto caíam e se feriam, a exemplo de como faz o pessoal hoje em dia. É inacreditável como as pessoas são capazes de tropeçar e de se machucar, mas em primeiro lugar preocupam-se com o nível de constrangimento assim que olham para cima e encontram os olhos de transeuntes. Ambos os gêneros compartilham essa tolice!

Ele responde...

Sim, mas, sem dúvida, os homens incorporaram isso em um nível maior, como se percebe nos primitivos "rachas" (aquelas corridas desenfreadas), ou nos automóveis vermelhos muito caros para compensar qualquer insegurança, ou ainda na insistência em fazer coisas, como instalar lâmpadas sozinho no porão, sem ser um eletricista capacitado, correndo o risco de levar choques. A realidade é que nós, homens, desejamos impressionar nosso público feminino.

Ao buscar ajuda, estamos admitindo a fraqueza e a ignorância. Ah, recomponha-se! Você sabe, realmente, o que é fraqueza? É a crença de que você sabe tudo ou, ainda pior, o desejo de que as pessoas pensem assim. A força está em admitir a fraqueza e a imperfeição e ser capaz de ser vulnerável e aprender. Aí está o verdadeiro desafio, e você deve decidir enfrentá-lo.

Falemos do modo como os homens estabelecem amizades. Eles fazem isso ao realizar coisas juntos, e não se sentando e conversando. Imagine que você é um menino das cavernas, e seu pai, tio ou outro homem mais velho tenha acabado de passar para frente a tradição de caçar alimentos para a família. Esse seria seu mentor, quem lhe ensinaria tudo. Não há vergonha nenhuma em precisar que alguém lhe ensine algo novo, certo? Mas e se você descendesse de uma cultura agrícola na qual não há necessidade de caçar com os amigos do sexo masculino? Você não saberia caçar, não é? Seria difícil para você admitir isso? Afinal de contas, nessa cultura, a masculinidade baseia-se na habilidade de prover.

Avance para os dias atuais. Você, como o provedor da família, tem de fechar mais negócios. Vai ao seu primeiro encontro de networking. É importante que as pessoas o enxerguem como bem-sucedido, esperto e capaz; então, quando você participa do evento, não pede ajuda. Você decide que aprenderá à medida que as coisas acontecerem. O problema é que seu sucesso pode acontecer, mas de forma lenta, sendo provável que não seja muito grande. Se você realmente deseja ser "o homem" da família, use a valentia e a coragem para pedir ajuda. Quanto mais rápido você aprender a ser uma pessoa que estabelece conexões de modo eficaz, mais rapidamente alcançará resultados para sua família. Esse é o objetivo!

Fatos interessantes para o conhecimento dos homens

Considere a recente pesquisa de opinião pública do Catalyst 2010 Census (www.catalyst.org), uma organização de pesquisa dedicada a mulheres de negócios:

Porcentagem de mulheres em força de trabalho nos Estados Unidos: 46,3%

Porcentagem de mulheres no Fortune 500 (sócios de empresas): 15,4%

Porcentagem de mulheres no Fortune 500 (maiores proprietários): 6,7%
Porcentagem de mulheres no Fortune 500 CEOs: 2,4%
Número de mulheres CEOs de empresas no Fortune 500: 12
Número de mulheres CEOs entre 1000 empresas no Fortune 501: 10
Total de CEOs de empresas no Fortune 1000: 22
Mulheres proprietárias de empresas com funcionários: 910761
Mulheres empregadas: 7,6 milhões
Total de gasto em folha de pagamento com mulheres: US$ 217,6 bilhões

Ainda se sentem intimidados, homens? Se desejamos competir e prosperar, temos de investir em relacionamentos. Isso significa que precisamos aprender como as mulheres pensam. Pode não ser fácil, mas é nossa missão. Considere o pensamento de um de nossos participantes:

> *Sou um dos quatro homens em um grupo de negócios voltado a mulheres, com cerca de cem membros. Descobri isso porque sou um dos poucos homens; quando eu falo, os outros prestam mais atenção ao que eu digo. Mas isso funciona apenas se eu contiver meus comentários e pensamentos. Se eu começar a dominar a conversa, o tom e a atitude mudam razoavelmente rápido.*
>
> *Associar-se a um grupo de negócios para mulheres pode ser muito eficaz, mas apenas se você estiver disposto a assumir uma abordagem não dominante e se sentir confortável ao permitir que as mulheres controlem o ambiente de maneira integral.*

Alguns de vocês, homens, imaginam que já sabem lidar e trabalhar bem com mulheres. Mesmo? Vocês acham? Quando as mulheres têm de escolher alguém para contratar ou para fechar uma parceria, seja com um homem ou uma mulher (considerando as demais características dos concorrentes as mesmas), elas geralmente escolherão uma mulher – a menos que haja um motivo estratégico para não fazê-lo. Elas agem assim não apenas por causa de seu gênero; pelo contrário, porque sentem uma conexão maior com uma contraparte do sexo feminino, já que compartilham habilidades de estabelecimento de relações. Provavelmente isso é feito de modo inconsciente, porém estejam certos de que é uma forte tendência que todos nós acompanhamos.

Pode parecer que eu estou afirmando que não podemos competir com mulheres, pois não temos o equipamento correto, a estrutura mental ou a percepção cultural sobre a vida como elas têm. Não é o que estou dizendo. Se isso fosse verdade, este livro seria inútil – e é justamente o oposto. Ele é uma ferramenta para dar a você a vantagem de compreender e de competir.

A maioria das mulheres não enfrenta problemas ao fazer negócios com homens, a menos que o sujeito em questão seja simplesmente um grande babaca. Elas normalmente não escolhem homens como parceiros de negócios pelo fato de eles não compartilharem da conexão comunicativa que as mulheres têm naturalmente. Isso pode ser superado. Apenas precisamos aprender a dominar o assunto como se fosse qualquer outro desafio.

E quanto ao fato de as mulheres aprenderem a se comunicar e a trabalhar melhor com homens? Não é importante? Afinal, nós, homens, ainda somos os soberanos do mundo, não é? (Por favor, não diga à minha esposa que eu disse isso, nem a nenhuma de minhas funcionárias.) É óbvio que isso é importante. As mulheres precisam compreender a estrutura mental dos homens além dos clichês, da cerveja, do esporte, do sexo e do estereótipo dos brinquedos. Sei que muitas de vocês, mulheres, estão se perguntando se os homens são realmente mais do que esportes, cerveja, sexo e brinquedos. Mas, apesar de a crença popular dizer o contrário, somos um pouco mais complexos que isso e, na verdade, somos também bonitos e inteligentes. Tudo bem, nem sempre...

Fiquem atentos para observar as psiques e as autopercepções masculina e feminina, e como administram as relações profissionais e as negociações.

Em mais o que somos diferentes?

Em amizades, os homens criam laços através do fazer e não do falar. Quando se reúnem, o objetivo é caçar, pescar, trabalhar em algo na casa, construir, correr, pedalar, nadar, jogar futebol, ou alguma outra coisa que não seja conversar. Esse processo de intensificar amizades com movimentos compartilhados tem início na infância. No ensino fundamental, os meninos brincam de soldado, de pega-pega, monstros e super-heróis. Durante a brincadeira, descobrem mais uns sobre os outros, decidindo se o colega será um camarada. Ele trapaceia? Foi maldoso, egoísta ou imbecil? Ele riu muito? Mostrou-se aberto às minhas ideias? Foi divertido? O processo natural de brincar nos permite conhecer melhor o possível amigo. Os meninos não brincam com um objetivo, é apenas diversão, claro. Porém, no decorrer da brincadeira, eles descobrem se gostam ou não do parceiro – e quanto gostam.

Como adultos do sexo masculino, fazemos o mesmo. "Fazer" juntos nos permite criar elos e ter conversas significativas sobre as coisas que vivemos, sem o apelo emocional de falar dos sentimentos. Nós conseguimos eliminar todo o drama e, como resultado, raramente discutimos ou julgamos uns aos outros. Nós, como homens, não precisamos julgar. Se achamos que você não é o tipo de amigo que desejamos, simplesmente paramos de nos reunir.

Ela comenta...

É por isso que alguns de vocês dizem que ligarão e nunca ligam?

Ele responde...

Isso mesmo! Simples assim. Essa é a nossa crença. Tendemos a compartimentar coisas e não carregar muita bagagem emocional. Desejamos resolver um problema rapidamente, quando surgir e, então, seguir em frente. Nós nos entristecemos, desabafamos e depois decidimos o que fazer a respeito; aí, ou resolvemos ou deixamos para lá. Não falamos a respeito pelos dois próximos meses, não analisamos ou remoemos o que fizemos. Deixamos para lá e seguimos adiante.

Por que isso tudo importa? Porque as mulheres não funcionam dessa maneira. Suas amizades não se baseiam no fazer, mas no falar, compartilhar, ajudar, pensar e qualquer coisa relacionada a essas coisas. O que isso significa para os homens é que precisamos estar atentos, aprender, compreender e estar dispostos a nos adaptar às expectativas do sexo oposto e aos processos de estabelecer relações.

Você já conheceu alguém e pensou em ter um relacionamento amoroso com ela, baseado no critério comum: você gostou dela, ela gostou de você, vocês riem juntos e se dão bem? Essa pessoa era divertida, espirituosa, generosa, carinhosa, compassiva e muito atraente. Exatamente tudo o que você queria. Então vocês iniciam uma conversa sobre projetos de vida. Seus desejos de ter filhos, carreira, estilo profissional e outros objetivos importantes eram extremos opostos. Você provavelmente sentiu que suas necessidades básicas não seriam satisfeitas e que ela era uma pessoa diferente da que você achou que ela fosse. Você percebe que essa pode não ser a pessoa certa e se sente triste, frustrado, com raiva e deprimido. Parte do problema foi não compreendê-la plenamente já no início.

É a mesma coisa nos relacionamentos profissionais. Claro que também acontece nos relacionamentos entre dois homens e duas mulheres; no entanto, é muito mais pronunciado entre sexos opostos. Há muitas informações que subsidiam o que já sabemos: homens e mulheres são diferentes. Não imensamente diferentes, mas significativamente. Isso quer dizer que somos muito semelhantes. Temos muito em comum, mas as discrepâncias são muitas. Dois exemplos perfeitos são nossos órgãos sexuais e funções cerebrais. Este livro é nossa tentativa de aumentar a compreensão do objetivo final de criar uma vida profissional mais harmoniosa e produtiva.

A diferença está em nossos cérebros

Aqui estão algumas diferenças interessantes entre os cérebros masculino e feminino:

Construção do relacionamento

As mulheres são comunicadoras muito mais eficientes no processo de estruturação de relações do que os homens. Por quê? Elas ouvem mais atentamente (na verdade, escutam) e se concentram nos detalhes da conversa. Portanto, qualquer solução à qual se chegue é reflexo do consenso do grupo, em vez de simplesmente a opinião individual de alguém. Isso permite a elas confiar com mais facilidade e, por essa razão, criar laços de forma mais rápida e profunda. Sua habilidade natural para decifrar e processar pistas não verbais, como tom, emoção e empatia é excelente.

Nesse momento, vocês provavelmente estão pensando que já fazem isso! A-ham, claro. E eu gosto de assistir ao programa da Ana Maria Braga!

Nós, homens, não somos ouvintes e debatedores naturais; somos solucionadores de problemas. Seguimos instruções para realizar tarefas e tendemos a nos isolar mais na execução. Essas diferenças explicam por que homens e mulheres, às vezes, apresentam comunicação dificultosa e o motivo pelo qual as amizades entre homens parecem diferentes das amizades entre mulheres.

Roda esquerda *versus* duas rodas

As mulheres processam de modo equânime em ambos os lados do cérebro. Ao usar o processamento cerebral em "duas rodas", elas resolvem problemas de modo mais criativo do que os homens e são mais atentas às emoções durante a comunicação.

Já os homens tendem a realizar melhor processos no hemisfério esquerdo. Isso ajuda a explicar por que os homens são, em geral, mais fortes em atividades que envolvam o hemisfério esquerdo e apresentam uma abordagem de resolução de problemas a partir de uma perspectiva orientada.

Habilidades matemáticas

Esse não é, tipicamente, um ponto forte feminino. O lóbulo parietal inferior é menor nas mulheres, em comparação aos homens. Em mulheres, contudo, ele processa informações sensoriais. O lado direito, maior em mulheres, permite que elas se concentrem em estímulos específicos, como, por exemplo, um choro de bebê durante a noite.

A região do lóbulo parietal inferior é, em geral, sensivelmente maior em homens, especialmente no lado esquerdo, comparando-se ao das mulheres. Essa é a mesma área que descobriram ser anormalmente maior no cérebro de Einstein. Imagina-se que essa parte controle a habilidade matemática e dê suporte ao fato de homens serem mais lógicos do que emocionais, visto que a Matemática é uma área da lógica. Você conhece quantas mulheres que gostam do Spock, de *Jornada nas estrelas*? Não consigo me lembrar de nenhuma. Ele era lógico demais para ser admirado por mulheres. Para os homens, ele fazia muito sentido; seu pensamento era matemático.

Situações de estresse

As mulheres selecionam o que consideram importante para proteger e cultivar. A psicóloga Shelley E. Taylor cunhou o termo "*tend and befriend*" (cuide e conviva), após reconhecer que durante períodos de estresse as mulheres cuidam umas das outras e de seus filhos (cuidar) e estabelecem fortes elos com o grupo (conviver).

Há algo interessante nisso. A raiz dessas diferentes reações de estresse está nos hormônios. O hormônio oxitocina é liberado quando há estresse – em todas as pessoas. Contudo, o estrogênio tende a intensificar a oxitocina, resultando em sensações de calma e acolhimento, enquanto a testosterona produzida pelos homens em níveis elevados de estresse age de modo contrário, ou seja, reduz os efeitos da oxitocina.

Os homens geralmente têm uma relação de "lutar ou fugir" perante situações de estresse. Isso significa que, quando estamos diante de uma situação de estresse, instintivamente iremos bater de frente ou a evitaremos por completo e não lidaremos com isso. A maioria dos homens não se sai bem com o meio-termo. Como verdadeiros solucionadores de problemas, eles desejam resolver a questão de imediato. Se não o fizerem pessoalmente, resolverão lidando com a situação. Quando decidem que não lidarão, concluem que o problema está resolvido. (Sim, é idiota, mas é isso o que somos.)

Habilidades verbais superiores

Descobriu-se que duas regiões do cérebro responsáveis pela linguagem são maiores em mulheres, o que sustenta por que as representantes do sexo feminino geralmente se destacam em assuntos relacionados à linguagem e ao pensamento a ela associado. As mulheres processam a linguagem em ambos os hemisférios.

Já os homens executam a linguagem apenas no hemisfério dominante. Cavalheiros, isso significa que raramente, senão nunca, venceremos uma discussão com uma mulher. Vocês simplesmente não têm o vocabulário ou a habilidade de maratonista da linguagem para cruzar a linha de chegada. Sugiro que tomem uma cerveja e esperem a briga acabar.

Ligações emocionais

As mulheres possuem o sistema límbico profundo maior do que o dos homens, o que permite que tenham mais contato com suas emoções e maior capacidade de se expressar – o que resulta em vínculos. Em virtude dessa habilidade em se conectar, mais mulheres atuam como cuidadoras de crianças. Poderia ser esse o motivo pelo qual as mulheres tendem a ser melhores no estabelecimento de um networking mais sólido?

Nós, homens, não temos tanto contato com nossas emoções. Se o tivéssemos, é certo que não nos sentiríamos confortáveis em aplicar as informações que obtemos por meio da observação regular desses sentimentos. Isso significa que temos de fazer um esforço consciente para criar uma relação íntima com os outros. Nosso networking tende a ser menor e mais direcionado à tarefa do que ao amparo. Para aqueles que estão pensando que deveria ser assim – menores e focados em resultados –, vocês não fazem ideia da quantia de dinheiro que estão deixando na mesa. Aprendam.

Tamanho do cérebro – o meu é maior!

As mulheres sempre disseram que tamanho não é documento. É verdade, pelo menos quando se trata do tamanho do cérebro. O cérebro feminino é menor do que o masculino, mas o intelecto é equivalente ou maior. Sei que vocês já sabiam disso.

Em geral, os cérebros masculinos são 11% a 12% maiores do que os femininos. Essa diferença de tamanho não tem nada a ver com inteligência, mas é explicada pela distinção no tamanho físico de homens e mulheres. Os homens precisam de mais neurônios para controlar sua musculatura e seu tamanho corporal, por isso têm cérebros maiores. O intelecto não diz respeito ao tamanho e, sim, às substâncias branca e cinzenta – falaremos disso posteriormente. Nesse caso, o tamanho realmente não importa; ou seja, homens, não fiquem tão orgulhosos.

Dor

As mulheres também são mais propensas a expressar dor e a buscar tratamento. A região cerebral que é acionada durante a dor é a amídala. Nas mulheres, a amídala esquerda é ativada, a qual possui muito mais conexões com as funções internas. Isso explicaria por que as mulheres sentem a dor de modo mais intenso em comparação aos homens.

Os homens também lidam mais facilmente com a dor e não a expressam com muita frequência. Nos homens, a amídala direita é ativada, a qual se conecta com as funções externas.

Acredito que isso significa que as mulheres são mais duronas do que os homens. Quando minha esposa deu à luz nossa primeira filha, Jacqueline, soube naquele momento que as mulheres são mais fortes e corajosas em todos os aspectos. Se os homens tivessem que dar à luz, teríamos nos tornado espécie em extinção há muitos anos.

Habilidade espacial

As mulheres possuem a região parietal do cérebro mais espessa, o que atrapalha a habilidade de girar objetos mentalmente – espécie de habilidade espacial.

Os homens comumente possuem habilidades espaciais mais desenvolvidas (as habilidades mentais que permitem prever uma forma e sua dinâmica).

Quando ouvirem mulheres dizendo "Sou tão perdida! Sempre sinto como se tivesse virado e não sei onde estou", isso explica tudo. Essa também pode ser a razão pela qual os homens se sentem confiantes com direções. Eles nunca param para pedir orientações, pois sentem que sempre estão no controle. NÃO!

Tendência aos distúrbios

As mulheres são mais suscetíveis aos distúrbios de humor, como depressão e ansiedade. Os homens tendem a apresentar mais dislexia e outros problemas de linguagem, além de maior propensão ao diagnóstico de autismo, transtorno do déficit de atenção com hiperatividade ou síndrome de Tourette. (Isso significa que somos propensos a hiperatividade, confundir o que lemos, gritar obscenidades, e somos incapazes de transmitir sentimentos através de palavras? Legal, hein?!) Senhores, não há discussões quanto às pesquisas sobre o cérebro. Sejam homens e orgulhem-se de seu distúrbio! Francamente, vejamos se conseguimos trabalhar nisso, ok?

Ela diz: Como você adquiriu suas habilidades em networking?

Amo essa pergunta, e ela surgiu exatamente como eu esperava que fosse: com as mulheres lendo, participando de seminários e sendo aconselhadas, e os homens apenas aprendendo por conta própria. Moças, algumas de vocês estão um pouco surpresas com o fato de os homens terem obtido a maior pontuação na categoria "aprendi sozinho"? Os homens amam aprender tudo por conta própria. Eles obtêm grande júbilo e satisfação com tal feito. Pensem em quantas vezes presenciaram seu marido, pai ou amigo tentando montar alguma coisa na manhã de Natal. Eles pegam as instruções e as leem primeiro? Recordo-me de meu marido montando bicicletas e se surpreendendo com a quantidade de peças que tinham sobrado. A seu ver, seriam peças extras.

Eu estava no carro com um senhor, a caminho de um evento. Perguntei a ele se sabia para onde estávamos indo; ele respondeu que não tinha certeza, mas estava muito confiante que encontraria o rumo. "Onde está seu GPS?", perguntei. A resposta que obtive foi "Ah, eu o uso apenas quando minha esposa está comigo. Eu realmente gosto de tentar encontrar os lugares sozinho, e o GPS acaba com toda a graça. Na verdade, é como ter minha esposa no carro, explicando-me como chegar a determinado lugar". Eu quase caí no chão, rindo. "Você não se preocupa em se atrasar ou se perder?" "Não. Sou muito bom em me locomover nesta cidade, e não preciso que alguém me diga como fazê-lo!" Homens não leem instruções; eles simplesmente vão atrás. Eles recorrem a orientações apenas se, de fato, não conseguem se encontrar sozinhos. Não me levem a mal. Há mulheres assim também, e eu sou uma delas, mas os homens são predominantemente os que gostam de aprender e executar coisas sozinhos.

Os homens adquirem habilidades relacionadas a networking "por conta própria", sentados nos joelhos dos pais desde o dia em que têm idade suficiente para compreender os laços masculinos e a construção de relacionamentos. Praticar esportes pode ser importante na estruturação de relações profissionais entre os homens. Eles participam como jogadores ou espectadores desde uma idade muito tenra. Fazem negócios no campo de futebol e falam de trabalho no bar, tomando cerveja enquanto assistem a jogos. Suas fraternidades mantêm contato como um networking sólido muito tempo depois de deixarem a escola. Eles aprendem a se conectar com todos os homens ao redor. O que as estatísticas afirmam sobre aprenderem habilidades por conta própria não é de surpreender.

Comparativamente, mulheres são novas no mundo dos negócios e, sem dúvida, no mundo dos esportes também. Nossos grupos estão baseados em encontros e não em conexões de negócios. Mulheres não são propensas a estabelecer laços através dos esportes e não têm tempo para ficar à toa no bar ou no campo de futebol. As coisas mudaram, claro, mas há ainda um longo caminho a percorrer. Devemos ensinar nossas filhas a arte do networking e a se conectarem umas às outras, além de apoiar e auxiliar os demais a atingir o sucesso que todos nós desejamos.

Em seu livro *She wins, you win*, a autora Gail Evans faz a seguinte afirmação: "Percebi que, como muitas mulheres, eu não queria jogar o jogo do modo que os caras jogam... À medida que o tempo passou, também comecei a perceber que um dos elementos mais importantes do jogo masculino era o que faltava no jogo feminino. Não importa como você chame – apoio, trabalho em equipe, assistência –, o ponto era: os garotos cuidavam uns dos outros, as mulheres, não". Gail vai além: "Ajudamos umas às outras num ponto de vista limitado, apoiando-nos em momentos de dificuldade e aconselhando a respeito de situações delicadas do campo profissional, mas não como um todo".

Retornarei ao comentário original de que as mulheres são relativamente novas jogadoras no campo, apenas começando a desbravar caminhos no mundo do networking. Aprender a estabelecer redes, para as mulheres, não virá de gerações de mulheres passando habilidades secretas de uma geração a outra. Isso virá através da busca de informações.

Quando meus filhos eram pequenos, fiquei em casa com eles. Estava envolvida com suas escolas, e participava da associação de pais e mestres local e estadual. Um dia, meu marido sofreu um acidente que o impossibilitou de trabalhar durante um período considerável. Isso significou que não havia ninguém para "tocar" a corretora de seguros que ele abrira, nossa única fonte de renda. De repente, tive de deixar minha casa e entrar no mundo dos negócios. Não demorou para eu perceber que precisava estabelecer redes de contato se quisesse aumentar o negócio e ajudar minha família. No início, não tinha ideia de como fazer networking, onde ou com quem me conectar. Eu estava perdida!

Comecei a procurar, por toda a parte, aulas, livros e pessoas que pudessem me ajudar. Na ocasião, o único livro que consegui encontrar foi *Endless Referrals*, de Bob Burg. Nessa obra, ele aconselha a filiar-se a grupos de networking, a estabelecer conexões e a incorporar isso no negócio. Associei-me a um grupo restrito chamado The Network, que posteriomente se tornou a BNI. Filiei-me à câmara de comércio e cheguei ao comitê dos embaixadores; de modo lento, porém preciso, construí uma rede muito substancial. Passei bastante tempo buscando oportunidades para aprender a estabelecer conexões, assisti a aulas oferecidas pelos especialistas, li livros, participei de grupos e procurei outros que pudessem ensinar. Não havia muitas opções na época.

Atualmente, dou aulas básicas sobre networking, as quais são, em sua maioria, repletas de mulheres. Sempre que pergunto à turma o que desejam obter com o programa, há pelo menos uma mulher na sala que diz "Eu era dona de casa e nunca tive de estabelecer conexões, então apenas preciso saber como fazê-lo".

Agora, mais do que nunca, há especialistas em networking em todos os lugares, assim como blogs, livros e podcasts, todos ensinando a arte de estabelecer redes de contato. Há organizações, como o Referral Institute, que ensinam as competências de estruturar negócios através de indicações, além de como desenvolver um networking bem-sucedido.

Das 12 mil pessoas entrevistadas, mais de 91% afirmaram que o networking foi importante para seu sucesso. Isso mostra o quanto devemos aprimorar nossas capacidades. O desenvolvimento de redes e a geração de indicações não são ensinados na maioria das universidades ou escolas. Cabe às mulheres encontrar programas que satisfaçam suas necessidades e disponibilidade de tempo. É preciso aprender mais para ganhar mais. Desenvolver uma rede de contatos forte é o segredo e o facilitador de muitos aspectos, desde encontrar empregos até se tornar extremamente visível para satisfazer suas necessidades de negócios.

Senhoras, aprender a construir e a alavancar uma rede sólida demanda muito conhecimento, e ninguém nasce com um gene de networking. O dr. Ivan Misner escreveu o livro *The World's Best Known Marketing Secret.*[3] Como algo pode ser famoso e ainda assim ser um segredo? Sabemos que é importante, como você pode ver, e dizê-lo faz parte de nosso sucesso, mas há pouquíssimas oportunidades para aprender as habilidades necessárias não apenas para estruturar o networking, mas também para impulsioná-lo. Mulheres são ótimas em estruturar redes, e agora é o momento de aprender que é positivo alavancá-las. Alavancar sua rede é uma atividade de "Givers Gain®"[4] (ganhar contribuindo), com ambos os lados sendo beneficiados!

Enquanto os homens estabelecem redes por conta própria, ainda há muito a ser desenvolvido: aprender a aprimorar relações mais sólidas que vão além de transações, ir mais devagar e ganhar confiança, estabelecer sistemas que geram negócios consistentes são coisas que eles precisam aprender a fazer melhor. Todos nós precisamos aprender, claro, mas as mulheres simplesmente têm um ponto de partida diferente dos homens.

Independentemente do quanto cada um dos sexos acredita saber sobre networking, sempre há muito mais a aprender. Como qualquer outra coisa, networking e sistemas de indicação sempre estão evoluindo, e nós devemos fazer o mesmo. Portanto, devemos nos lembrar de mulheres que estão tentando aprender e estender a mão para aconselhá-las, abrindo o caminho. Podemos ensinar a nossas filhas a importância das conexões. Quando

3 Em tradução livre, *O segredo mais famoso do marketing.* (N.T.)

4 Um dos pilares da Business Networking International (BNI) consiste em recomendar mutuamente negócios entre parceiros de um mesmo grupo de networking. (N.T.)

elas forem à escola, saírem de casa, ingressarem na universidade e arrumarem empregos, terão a vantagem de terem aprendido habilidades que são naturalmente passadas aos garotos. Mais do que nunca mulheres e mães estão no mundo dos negócios. Elas devem transmitir às filhas esse discernimento quanto aos negócios do mesmo modo como os pais fazem com seus filhos.

As pesquisas dizem: Atitudes do networking de sucesso

Uma das descobertas de nosso estudo que merece ser discutida envolve atitudes quanto à importância do networking para os níveis de sucesso dos participantes. Os 95% dos participantes que afirmaram que o networking foi importante para seu sucesso se sentiam "muito confortáveis" quanto às conexões.

Por outro lado, quase 70% dos participantes que afirmaram que o networking não foi importante estavam apenas de "confortáveis" a "muito desconfortáveis".

Com essa descoberta, é difícil dizer quem nasceu primeiro – o ovo ou a galinha. As pessoas que amam estabelecer redes alcançam mais sucesso em seus negócios? Ou é o sucesso que alimenta o conforto com o processo de estabelecer networking?

Conhecemos pessoas que dizem "quero melhorar no networking, mas não sou muito bom nisso". Não seria uma profecia autorrealizável? Como você pode melhorar se não praticar? Parafraseando meu amigo Michael Gerber, no seminário E-Myth, "Você não tenta fazer as pessoas se sentirem motivadas, então elas farão melhor. As pessoas se sentem mais motivadas como resultado de fazer melhor". Estamos inclinados a concordar: é mais provável que o comportamento alimente o sucesso do que o contrário. Em outras palavras, quanto mais você faz algo, melhor você fica. Isso se aplica a tocar um instrumento musical, competir em um esporte ou estabelecer networking. Você não pode ganhar o jogo se não praticar. E se não praticar, não vai melhorar – o que significa que você não vai gostar.

Esse ciclo frustrante pode ser quebrado ao se observar os componentes de uma atividade e identificar quais são os elementos mais agradáveis dela. Se as pessoas se direcionarem aos aspectos agradáveis do networking, elas farão mais e, dessa forma, gostarão mais do sucesso. Eis um exemplo de um homem que se une à esposa por acreditar que ela é tão boa que melhora o sucesso dele:

> *Minha esposa faz muitas conexões para mim. Ela é realmente boa em iniciar conversas e, depois de preparar a pessoa, ela me apresenta. Então eu continuo a conversa para estabelecer a relação. Minha esposa também é muito boa para acompanhar as pessoas e depois me conduzir repetidas vezes.*

Por outro lado, aí vai um comentário de uma mulher que identifica sua inteligência emocional como sendo importante para seu sucesso em networking.

> *Ser capaz de desenvolver um bom relacionamento me ajuda, inicialmente, a compreender como trabalhar melhor com outra pessoa em negócios. Possuir essa inteligência emocional é minha força, e eu posso ajudar os outros a terem suas necessidades satisfeitas. Isso, por si só, me ajuda a satisfazer minhas próprias necessidades.*

Ele diz...

Isso é muito simples. Como adultos, somos crianças grandes. Se não gostamos de algo, não queremos fazer. Se gostamos de uma atividade específica, desejamos fazer mais. Pelo fato de apreciá-la, concentramo-nos e queremos nos aprimorar nela. O mesmo ocorre com homens e networking. Homens que gostam disso, o farão mais e melhorarão. Quanto maior a frequência com que praticarem e quanto maior o nível de habilidade, melhores resultados serão alcançados. Quanto maior o sucesso, mais inspirados ficarão, e mais motivados estarão para continuar e gerar mais sucesso.

Se observarmos o aprendiz adulto, saberemos que tanto homens como mulheres gostam de aprender mais quando estão envolvidos no processo. A andragogia é a arte de ensinar adultos. Para aqueles que desejam aprender, o ensino deve se focar no problema, não no conteúdo;

permitir e encorajar a participação ativa; incentivar o uso de experiências passadas; ser colaborativo entre o estudante-instrutor e o estudante--estudante; basear-se no planejamento entre o professor e o aprendiz; basear-se em um acordo avaliativo; incorporar atividades experimentais. Por que mencionei tudo isso agora? Porque, se estamos observando o comportamento de nossas conexões e afirmando que a conduta leva ao sucesso, o ato de aprender levará a um sucesso ainda maior.

Ela diz...

Você já conheceu alguém com uma atitude ruim em relação ao que estava fazendo e, ao mesmo tempo, se saiu extremamente bem nisso? Nós nos tornamos bem-sucedidos em coisas nas quais acreditamos sermos capazes de obter êxito.

Como alcançamos o sucesso em qualquer coisa que façamos? Fazendo-a corretamente? Uma das estatísticas de nosso estudo mostra que as pessoas que gostam de estabelecer relações também passam mais tempo fazendo isso, desenvolvendo métodos para rastrear resultados e trabalhando mais em suas redes.

Pense em quando você aprendeu a andar de bicicleta, de skate, de esqui ou a tricotar, por exemplo. Vocês se saiu bem na primeira vez em que tentou? Lembro-me de quando ganhei minha primeira bicicleta – meus avós a trouxeram para mim – e meu avô me ajudou a subir nela. Ela tinha rodinhas e, durante muitos dias, eu bamboleava pela vizinhança. Após o terceiro dia, meu avô removeu as rodinhas e correu ao meu lado enquanto eu lutava para manter o equilíbrio e permanecer ereta. Finalmente, ele me soltou, e eu estava andando sozinha. Depois disso, esfolei meus joelhos e cotovelos, bati em coisas e me acidentei, mas continuei, pois amava aquilo. Nunca considerei não fazer isso ou desistir. Simplesmente continuei andando de bicicleta. Hoje ainda faço isso. Amo andar de bicicleta e sou muito boa, mas foi necessário arranhar meus joelhos algumas vezes para ficar boa.

Networking funciona da mesma forma: va lá e faça, mesmo não sendo tão bom no início, mas não desista. Leia artigos e livros, assista a aulas, arrume um mentor, contrate um treinador e continue estabelecendo conexões. Todas as vezes que obtiver sucesso, sua atitude vai melhorar, e seu sucesso, aumentar. Quanto melhor sua atitude, mais sucesso você gera, e quanto mais sucesso gerar, melhor será sua atitude em relação ao networking.

CAPÍTULO

3

Comunicação: Negociação *versus* Relação

As pesquisas dizem: O processo de visibilidade, credibilidade e rentabilidade

Com o objetivo de avaliar alguns dos resultados da pesquisa discutidos no decorrer do livro, é importante compreender um conceito que chamo de Processo VCR®, que, embora não seja, de fato, parte da pesquisa, é a base para nossa análise.

Quando profissionais do negócio desenvolvem relacionamentos, geralmente ocorrem duas condutas diferentes, a depender da preferência da pessoa. A primeira é fazer negócios juntos, primeiramente, e, depois, investir no desenvolvimento da relação. A segunda é concentrar-se em amadurecer a relação e, posteriormente, começar a fazer negócios juntos. Nós queríamos saber o estilo preferido dos profissionais e o que, de fato, os motiva na decisão pelo *modus operandi*. A preferência por gênero foi uma das perguntas que mais desejávamos que nossa pesquisa respondesse, pois, como especialistas em marketing de indicações, acreditamos que o Processo VCR® é a chave para o desenvolvimento de relações, enquanto relacionamentos pessoais são a base de uma poderosa rede de indicações de negócios.

Compreender o Processo VCR® é crucial para a avaliação desses dois fatores. Qualquer plano de marketing de indicações eficiente envolve relações de tipos diferentes. Entre as mais importantes estão aquelas que os profissionais estabelecem com suas fontes de indicações, as perspectivas que esses parceiros oferecem a eles e os clientes que recrutam a partir dessas perspectivas.

Tais relações não surgem assim, do nada, plenamente desenvolvidas; elas devem ser alimentadas e cultivadas ao longo do tempo. Elas começam experimentais, frágeis, cheias de possibilidades e expectativas não realizadas e, então, crescem mais fortes com experiência e intimidade, finalmente maturando-se até a confiança e o comprometimento. À medida que se desenvolvem, nutrem-se de confiança mútua e benefícios em comum, o que permite que se aprimorem através das três fases cruciais de visibilidade, credibilidade e rentabilidade. Essa evolução é o que chamo de Processo VCR®.

Visibilidade

Na primeira fase do desenvolvimento de uma relação, cada um dos envolvidos no círculo social toma conhecimento do(s) outro(s). Em se tratando de negócios, uma fonte potencial de indicações ou um possível cliente toma conhecimento da natureza de seu negócio, talvez por causa de suas relações públicas e esforços de divulgação ou, possivelmente, uma conexão mútua. Essa pessoa pode observá-lo conduzindo o negócio ou relacionando-se com as pessoas ao redor. Ambos começam a se comunicar e estabelecer uma conexão ou, talvez, explorar uma questão ou duas sobre a disponibilidade do produto ao telefone. Podem ficar familiarizados e trabalhar juntos de modo íntimo, mas sabem pouco um sobre o outro. A combinação de muitas formas de relacionamento como essa representa o networking de contato casual, uma espécie de associação teoricamente baseada em um ou mais interesses em comum.

A fase de visibilidade é importante por gerar reconhecimento e consciência. Quanto maior sua visibilidade, mais amplamente conhecido você se tornará. Quanto mais informações coletar a respeito dos outros, mais oportunidades poderão aparecer para você e seu perfil crescerá em conformidade, permitindo maiores chances de ser aceito e considerado quando o momento da indicação surgir. A visibilidade deve ser mantida e desenvolvida ativamente; sem isso, é impossível qualificar-se para o nível seguinte.

Credibilidade

O estabelecimento da credibilidade exige um período de iniciação que comprove que sua crença profissional é confiável e digna de mérito. Uma vez que você e seu novo conhecido começam a formar expectativas um em relação ao outro, satisfeitas algumas vezes, sua relação pode entrar no estágio da credibilidade. Se ambas as partes estão se contentando com a relação em um fluxo contínuo, a satisfação aparentemente prosseguirá e a relação se fortalecerá com seu novo valor determinado.

A credibilidade cresce quando os compromissos e as promessas são honrados, os fatos cumpridos, e os serviços retribuídos plenamente ou além do esperado. A fase de "superação" vem à mente como uma ilustração do ato de testar todos os elementos exigidos dentro da definição de um prestador de serviço de alta qualidade. O velho ditado de que ações valem mais do que palavras é verdadeiro. O que você faz é mais importante do que aquilo que diz que fará, e você não pode se enganar caso defina o padrão em 110% em vez de apenas atingir sua cota. Falhas ao cumprir expectativas ou a manutenção de promessas explícitas e implícitas podem arruinar um relacionamento inicial antes mesmo que tenha a chance de florescer. Esse tipo de visibilidade negativa tem o potencial de persegui-lo durante muito tempo.

Para determinar a credibilidade, as pessoas geralmente recorrem a uma terceira parte que o conhece há mais tempo ou que fez negócios com você. Elas podem perguntar ou não se aquela pessoa o recomendaria, se você é honesto, se seu produto tem qualidade e se cumpre prazos.

Mas um elo é apenas tão forte quanto seu link mais frágil. Ao avaliar e fazer uma lista de suas relações VCR, lembre-se de que elas têm dois lados e só são fortes quando há concordância entre os dois. A combinação de sua percepção com a de seu parceiro não garante qualquer diferença nos sentimentos. Por exemplo, se você mudou sua relação com Bill para um estágio de credibilidade, mas Bill sente que você ainda está no estágio de visibilidade, é aí que vocês ficarão até ambas as partes se apaixonarem. Você precisaria classificar essa relação em um nível de visibilidade até as coisas melhorarem aos olhos de ambas as partes, para então prosseguirem para o nível seguinte.

Rentabilidade

O relacionamento maduro, seja profissional ou pessoal, pode ser definido em termos de rentabilidade. É mutuamente gratificante? Ambos os parceiros obtêm satisfação com ele? Mantém seu status e valor proporcionando benefícios a ambos? Se não favorecer as duas partes, provavelmente será desfeito.

O tempo que um relacionamento leva para passar por essas fases de desenvolvimento é extremamente variável. Em algumas relações, a rentabilidade será alcançada em uma semana, em outras, em um mês ou até em um ano, e nem sempre é fácil prever. Em um momento de urgência, pode surgir a oportunidade de as partes obterem êxito e cumprir prazos assustadores. Após um projeto dramático e desafiador, é possível ir da visibilidade à credibilidade da noite para o dia, mostrando um ao outro rapidamente o que pode levar anos para ser revelado. O mesmo vale para a rentabilidade; pode ocorrer rapidamente ou demorar anos, a depender das circunstâncias e das oportunidades disponíveis. A maioria dos relacionamentos falha em algum ponto, somando-se ao processo gradual e cumulativo de trabalhar juntos em muitos projetos pequenos até que a confiança seja conquistada e constatada. Tanto o desenvolvimento rápido como o lento são afetados pela motivação e pelo desejo de ambas as partes de agradar uma à outra, assim como a frequência e a qualidade das indicações com as quais contribuem.

A falta de visão pode impedir o desenvolvimento pleno de uma relação. Talvez você seja um cliente que fez negócio com um determinado fornecedor durante vários meses, intermitentemente, mas para economizar, buscou o preço mais baixo, ignorando o verdadeiro valor do serviço de primeira linha do fornecedor, a boa vontade, confiança e disponibilidade. Ao continuar a priorizar a redução de custos, você está realmente lucrando com a relação ou retardando seu crescimento? Talvez se você desse todo o seu negócio a esse fornecedor, estabelecesse termos que beneficiassem a ambos.

Você se lembra da questão apresentada no adesivo do para-choque?

Pense de modo criativo e nunca tenha medo de redefinir suas relações. Você pode ter uma surpresa agradável. Você manda no seu mundo! Não deixe a gravidade assumir o controle.

É importante observar que este é um processo de indicações, e não de venda. Você pode estar na fase rentável com um cliente quanto a vender seus produtos ou serviços, mas se não estiver obtendo indicações regulares, não está naquela fase do Processo VCR®. Para que isso ocorra, eles precisam pensar que seu modelo de serviço é tão maravilhoso que outros devem conhecê-lo também.

As pesquisas dizem: Relacionamentos primeiro

Em nossa experiência, as fases de visibilidade, credibilidade e rentabilidade são cruciais para a formação de uma relação de negócios madura. Tanto homens como mulheres participantes de nossa pesquisa confirmaram nossa crença de que um bom relacionamento é o pré-requisito para indicações mútuas e benéficas, e vice-versa. Os homens tendem a se relacionar e obter identidade a partir de seus negócios com muito mais frequência do que as mulheres.

A atriz e instrutora de educação física Nicole Brandon conta uma história que reflete essa tendência. Ela estava se exercitando em uma academia quando um homem perguntou se ela era treinadora, ao que ela respondeu "sim". Ele, então, perguntou se ela poderia ajudá-lo com o equipamento, pois tudo era novo para ele. Ela disse que sim, que ficaria feliz em ajudar, e perguntou o que ele fazia. Ele respondeu que era vice-presidente da empresa XYZ, responsável pelo marketing da organização. Então, ela disse: "Não, refiro-me a qual é sua rotina de exercícios!".

Ao contrário das mulheres, a maioria dos homens se apresenta com o que eles fazem. É como eles se unem.

Abordagem transacional *versus* abordagem relacional

Nessa pesquisa, questionamos se as pessoas preferiam a abordagem transacional em redes, concentrando-se no negócio primeiramente e, depois, na relação, ou a abordagem relacional, em que antes se estabelece a relação e, em seguida, o negócio. A imensa maioria dos participantes prefere primeiramente estabelecer uma relação e depois se concentrar no negócio. Porém, quando se compara as preferências por gênero, surge um resultado interessante. Entre a minoria das pessoas que acham melhor focar antes nos negócios, os homens superaram as mulheres com quase 53% contra 47% (veja Figura 3.1). De modo contrário, as mulheres superaram os homens por um número pequeno, porém estatisticamente significante em sua preferência por concentrar-se primeiro no relacionamento. A observação de um de nossos participantes nos fez perceber os estilos de networking preferidos:

> *Participei de um café da manhã. Quando cheguei, uni-me a um grupo de homens que, durante um curto espaço de tempo, estava trocando cartões de visita. Então sentei-me à mesa das mulheres. Elas falavam sobre o palestrante e conversavam, conhecendo-se um pouco melhor. Antes de irem embora, todas as mulheres da mesa trocaram cartões. Ambos alcançaram os mesmos resultados, em ritmos diferentes. Os homens foram diretamente aos negócios, enquanto as mulheres desejavam conhecer a outra pessoa antes de trocar cartões de visita.*

Quando se trata de networking, eu acredito que...

	É melhor concentrar-se em negócios e construir um relacionamento depois	É melhor construir um relacionamento primeiro e, depois, concentrar-se nos negócios	Total de respostas
Mulheres	47,4% (724)	**50,5% (4 810)**	**50,1% (5 534)**
Homens	**52,6% (803)**	49,5% (4 718)	50,5% (5 521)
Pergunta respondida	1 527	9 526	**11 053**
Pergunta não respondida			2

FIGURA 3.1: Preferências pelo foco do networking, por gênero.

Através da investigação desse estudo, meus coautores e eu levantamos uma hipótese de trabalho sobre o Processo VCR® e o gênero. Acreditávamos que as mulheres apresentavam uma tendência a ficarem confusas e angustiadas na transação entre as fases de visibilidade e credibilidade. Imaginamos que elas fossem propensas a protelar a fase de credibilidade, adiando a mudança para a fase de rentabilidade, em que teriam de pedir indicações e negócios. Também sentimos que os homens teriam maior tendência a arriscar-se e pular o estágio intermediário, indo diretamente da visibilidade à rentabilidade.

O indício de que as mulheres, mesmo por uma pequena margem, aparentemente enfatizam mais o relacionamento, não causa grande surpresa. É possível que elas tendam a mudar, no Processo VCR®, da fase de visibilidade para a de credibilidade, e aí demorarem-se, enquanto os homens "colocam o carro na frente dos bois" e tentam pular a fase intermediária, disparando da visibilidade para a rentabilidade? Os dados nos fornecem um leve apoio a respeito dessa suposição, mas talvez os comentários e as perspectivas de gênero opostos de Frank e Hazel nos deem maiores esclarecimentos.

Ele diz...

Parece-me que a maioria dos homens e das mulheres acredita no conceito de Processo VCR® e compreende que sua contribuição para o estabelecimento de relacionamentos sólidos se baseia em passar por todas as suas fases, em ordem. Ambos os sexos pensam "VCR, sim, é isso que eu faço", mas as mulheres são as únicas que realmente o colocam em prática.

Companheiros, nós, de fato, achamos que construímos credibilidade tão rapidamente assim? Como sempre, estamos nos adiantando, indo direto à fase de rentabilidade. Preciso dizer o quanto é difícil admitir nossas falhas toda hora? É especialmente difícil com Hazel observando os defeitos e esfregando na minha cara o tempo inteiro. Rapazes, ajudem-me aqui... por favor!

Nós, homens, somos muito habilidosos em nos tornar visíveis publicamente. Somos impulsionados a dar uma declaração, falar nossos nomes, nos apresentarmos ao mundo e deixar o mundo saber quem somos. Não significa que a fase da visibilidade seja agradável ou confortável para nós, mas lançar os refletores sobre nós mesmos é semelhante a nos vangloriarmos; e todos nós constatamos que os homens ficam mais à vontade com a autopromoção do que as mulheres, como expressado no comentário a seguir feito por um participante:

> *Eu ministro um workshop chamado "Como amar networking". A generalização mais comum relacionada a gênero comprovada em minha pesquisa é que as mulheres são unicamente hábeis em criar e manter relacionamentos de modo natural, e que homens são mais desafiados quando se trata de fazer uma solicitação. Eles tendem a pensar em termos mais lineares e são mais focados em resultados.*

Ela comenta...

Sim, eu vi seu pavoneio! É daí que vem a expressão "enfeitar o pavão".

Ele responde...

Sim, somos propensos a nos pavonear e, às vezes, há muita lábia atrás de uma fachada, mas também conteúdo e credibilidade verdadeiros. O problema está em não esperar o tempo necessário para evoluir através da fase de credibilidade, de modo que as mulheres possam ver nosso valor.

Temos a ilusão de que conquistamos credibilidade através da autopromoção e pensamos que, por isso, obviamente em seguida virá a rentabilidade e o fechamento de negócios.

Falemos sobre o que os homens consideram "credibilidade". Quando questionada a credibilidade de um conhecido, você já viu alguém responder de modo sarcástico: "É claro, ele é o melhor na área. Eu sei que é porque ele me falou". Certamente sou culpado por afirmar isso na ocasião, mas quando volto atrás e ouço como isso soa, percebo quão ridículo é considerar que a confiança possa ser conquistada ao se dizer simplesmente quão fantástico, maravilhoso, esperto, charmoso, talentoso e incrível eu sou.

Ela comenta...

Tenho quase certeza de que a maioria das mulheres que leem isso se lembra de pelo menos alguns encontros em que os caras não tinham problema em falar sobre si mesmos durante a noite toda.

Ele responde...

Ei, isso me ofendeu! Admito, no entanto, que o encontro é uma boa analogia. Seria ridículo para a mulher decidir continuar a namorar o sujeito que simplesmente ficou se gabando. A maioria das mulheres deseja ver o que um homem de fato faz e como dá prosseguimento, antes de decidir levá-lo a sério em um relacionamento verdadeiro.

Creio não estar sendo totalmente preciso ao afirmar que esse método não funciona. Não funciona com homens que fazem a mesma coisa. Cara, isso é algo para se assistir: a batalha dos egos! Diversão à parte, não estamos tentando fazer com que homens trabalhem melhor com homens, não é? Estamos tentando ajudar os homens a trabalhar de modo mais efetivo com as mulheres.

A primeira regra para estabelecer networking de modo eficiente com as mulheres é: não fale de suas referências! Pare de tentar impressioná-las através de seus feitos. Para elas, a credibilidade surge com a construção de um relacionamento durante o qual elas verão, com o passar do tempo, todas as coisas que você está segurando para não se gabar. Um bom motivo pelo qual essa é uma maneira melhor de acreditar em alguém é que quando você vê essa pessoa agindo repetidamente em suas crenças declaradas e ética profissional, isso se torna um fato sólido com provas ocultas.

Outra razão: caso você esqueça, um relacionamento é uma via de mão dupla. Isso significa que você deve se preocupar com a outra pessoa, e ambos devem saber o que fazer por meio de ações. Não estou dizendo que você deve se importar a ponto de levar um tiro por ela. Estou apenas sugerindo que tente conhecê-la fazendo perguntas e se interessando por sua vida. As mulheres precisam saber que são mais que uma negociação. Este participante percebeu:

> *Estabelecer conexões com homens é diferente de fazê-lo com mulheres. Com homens, sou curto e direto em minhas comunicações. Com mulheres, faço muitas perguntas para saber sobre elas e suas famílias.*

Dica

Torne o cuidado com outras pessoas o seu negócio, e você se tornará indispensável para elas. É isso que o levará à frente na fase de credibilidade. Credibilidade é seu produto.

Isso influencia sua credibilidade com as mulheres. Se você se perguntar por que elas precisam de mais do que sua biografia profissional expressada de modo verbal, você não está enxergando as coisas a partir da perspectiva delas. De maneira muito semelhante, em marketing e vendas, sua apresentação e o tratamento que dispensa ao cliente geralmente convencem mais do que os produtos que você vende. Se elas o imaginarem como um idiota insistente e mentiroso, ou como alguém que não se preocupa com o que é bom para elas, pode esquecer a venda. O mesmo pensamento cabe aqui. A credibilidade é seu produto.

O caminho é: concentre-se no que as mulheres querem e dê isso a elas. Resultado: você será amado para sempre. É muito simples. Mas faça-o. Você precisa entendê-las e entender como elas pensam. Ah, que criaturas misteriosas e maravilhosas são as mulheres!

Pense em quão feliz sua parceira ficaria se você a ajudasse em tudo o que facilita a vida dela antes que ela lhe pedisse. Para ela, seria como uma fantasia maravilhosa em que você teria a habilidade de ler sua mente e dar a ela o que deseja. Ela nunca teria de pedir para você fazer alguma coisa. Imagine nunca ter de dizer "Como eu iria saber que você queria que eu fizesse aquilo? Você nunca me pediu". Imagine não mais ter de ouvir a resposta decepcionada: "Eu não tenho de pedir. Você simplesmente deveria saber!".

O que é melhor: relacionamentos ou negócios em primeiro lugar?

O comentário abaixo resume algumas de nossas diferenças centrais quanto ao networking:

> *Os homens tendem a ser mais hesitantes para estabelecer relacionamentos profundos, enquanto as mulheres são propensas a se concentrar demais em tudo, exceto nos negócios.*

Não é uma revelação espantosa afirmar que a prioridade número um das mulheres é relacionar-se, e a dos homens, conseguir negócios. Evidências no DNA e os papéis ainda desempenhados pelos homens em nossa sociedade sustentam esse fato. Os homens eram os caçadores, protetores e provedores de nossos clãs desde o início dos tempos. Claro que não estou dizendo que o número de chefes de família do sexo feminino não esteja aumentando todos os dias, pois está. Mas voltemos a quem somos em um nível primitivo. Como provedor, sinto que é minha responsabilidade levar para casa o bacon, o bife, o peixe – ou o frango, se foi um dia ruim. Quando levo essa presa para casa, não estou tentando estabelecer um relacionamento eterno com aquela refeição. Preciso pegá-la, prepará-la para minha família e levá-la para casa, exatamente como as vendas e os negócios que persigo no mundo atual.

Infelizmente nós, homens, nos aproximamos de todos em nossa rede como se fossem nossa próxima refeição a ser caçada, pois enxergamos o processo da mesma forma. Temos de aprender a ser mais relacionais e menos transacionais, e plantar sementes que nos proporcionarão negócios contínuos, diversas vezes com o passar dos anos – como as mulheres fazem.

A maioria dos homens envolvidos em vendas é muito consciente da importância dos relacionamentos. No entanto, as relações que priorizamos instintivamente são as relacionadas a transações. Meu intuito não é fazer amigos através de networking, e sim desenvolver relacionamentos benéficos para mim. Não estou afirmando que isso é algo bom ou como deveria ser; simplesmente é assim que funciona. Eu devo sustentar minha família, e meus instintos me orientam para tomar conta de mim primeiro. É isso o que nós, homens, fazemos e somos, em geral, e nos saímos bem; mas devemos continuar a aprender, visto que temos milhões de anos para nos atualizarmos quanto às novas tecnologias e métodos. Devemos aprender a nos adaptar, de modo que possamos ser mais bem-sucedidos em menos tempo e com menor esforço.

Algumas de nossas potencialidades nos ajudam a focar na venda, fechar negócios e caçar. Porém, vemos que nossos relacionamentos baseados em transações não funcionam com mulheres, que são orientadas por relações e não por transações. E aí acabamos perdendo para os caçadores que decidiram se comunicar de maneira mais feminina.

As mulheres desempenham a função de coletoras e construtoras da comunidade durante o tempo em que somos caçadores. Ao construir um senso de comunidade, elas criaram um ambiente estimulante para as crianças e um lugar para o coletivo compartilhar suas riquezas. Parte do trabalho das coletoras é reunir plantas e ervas necessárias para objetivos nutricionais, curativos e terapêuticos. Como nossas tribos descobriram os benefícios das plantas como alimentos, as mulheres começaram a cultivar jardins e pequenas fazendas.

O ato de plantar e cuidar de sementes para o cultivo de plantas reflete o estabelecimento de relações. Primeiramente, você planta as sementes. Então, cuida delas e as protege, certificando-se de que estejam plantadas com profundidade suficiente e consistentemente aguadas com o passar do tempo. Você monitora seu crescimento até que estejam prontas para a colheita e retribuam todo o trabalho ou investimento dedicado a elas.

As contribuições masculinas à tribo – como abater um boi – acontecem em questão de minutos, enquanto as contribuições femininas – como plantar alimentos – exigem cuidados durante meses. Essa é a diferença. Durante centenas de anos, as mulheres compreenderam os benefícios e a importância de desenvolver relacionamentos mutuamente benéficos. Os tempos modernos as observam fazendo uso dos mesmos instintos e habilidades para desenvolver relações de negócios.

Quando as mulheres estabelecem networking, trabalham como coletoras, plantando sementes e fazendo amigos de verdade, não simplesmente usando os amigos transacionais do modo como os homens fazem. Elas se importam com seus amigos e se interessam por eles, e desejam ajudá-los e conversar. Puxa! Isso é assustador para os homens.

Então, o que tudo isso significa? Significa que os homens precisam aderir mais à constituição de relacionamentos verdadeiros. O problema de uma relação transacional é que ela se baseia somente na transação. Quando ela chega ao fim, o relacionamento acaba. As mulheres, por outro lado, saem-se bem ao se concentrar em obter mais transações a partir de suas amizades de negócios. Elas devem ter em mente o objetivo do networking.

Estabelecer relacionamentos sólidos começa com a avaliação de como nos comunicamos com o outro. É muito diferente do modo que as mulheres fazem. Sei que isso não é novidade.

Em primeiro lugar, vamos definir o que entendemos por comunicação.

Comunicação é uma combinação de detalhes verbais e não verbais, expressos através da escolha de palavras, maneirismos, aparência, estilo e hábitos de vestir. Tudo isso comunica quem você é e o que defende.

Ambos os sexos se comunicam um com o outro com o uso de códigos. O grupo de amigos com quem falamos dita o estilo de comunicação usado. Com amigos íntimos, as conversas são diretas, em estilo "vale tudo", e com pessoas mais distantes, são mais profissionais e reservadas. Tanto homens como mulheres ajustam os estilos de comunicação de acordo com quem se encontram. Trata-se de um processo natural e que não é feito necessariamente de modo consciente.

Sim, há aqueles que não sabem ajustar seu estilo de comunicação à multidão em que estão. Essas pessoas tendem a se alienar; simplesmente não compreendem o mundo social e são o que chamamos de "desajustados sociais". Foram treinadas e/ou não possuem as habilidades natas para observar e aprender comportamentos socialmente aceitáveis. Seus pais não as ensinaram ou então são insensíveis para observar e aprender com outra pessoa. De qualquer forma, pais, esta é uma habilidade inestimável para ensinar aos seus filhos.

Todos nós encontramos, em um evento social, aquele sujeito cujo assunto preferido é ele mesmo. Embora ambos demonstrem interesse nele durante toda a conversa, se o homem faz perguntas sobre você e seu negócio é óbvio que se trata de obrigação. Quando você pergunta algo sobre ele, ele se anima para educá-lo em tudo sobre seu fascinante mundo. É tudo que você nunca quis saber, e ele está tentando vender para você o tempo inteiro. Esse cara também tem uma inclinação para contar piadas de humor vulgar e fazer comentários impróprios às mulheres.

Ele é, na verdade, inofensivo e não está tentando ferir ninguém, tampouco ser rude. É simplesmente estúpido. A maioria de nós apenas o atura e revira os olhos quando ele se dirige para a próxima pessoa ou grupo. Então sorrimos um para o outro, com um comentário dissimulado, e continuamos a conversar como se ele nunca tivesse existido.

Há algo importante que esse sujeito me ensinou: nunca desejarei ser a pessoa da qual os outros debocham, dão sorrisos maliciosos ou reviram ou olhos e fazem imitações. Ele é um guindaste de boleamento, destruindo possíveis relacionamentos aqui e ali. O dano que suas asneiras desajeitadas provoca dura muito tempo e pode ser muito difícil de superar.

Uma das coisas em que o sr. Desajuste Social não é nada bom é adaptar seu estilo de comunicação àqueles ao seu redor. A maioria de nós faz isso de modo instintivo e inconsciente. Nós não tentamos nos adaptar, simplesmente fazemos. Daremos um exemplo com a história de Joãozinho e o sr. Henderson.

Joãozinho conhece um novo amigo

Joãozinho tem 3 anos e seu pai o apresenta ao amigo sr. Henderson, que põe-se em pé do alto de seus 1,93 metro e 115 quilos. Seus cabelos grisalhos e sua voz de trovão impõem respeito.

O pai de Joãozinho chama: "Joãozinho, gostaria que você conhecesse o sr. Henderson, o presidente do banco".

O sr. Henderson vê Joãozinho, estende a mão e diz, com sua voz forte de presidente: "Olá, Joãozinho. Sou Henderson, é um prazer conhecê-lo".

Joãozinho, que parece um filhotinho de cão assustado, diz: "Hein?".

"Então, Joãozinho, fale para mim, o que você fez hoje e o que planejou para amanhã?", pergunta sr. Henderson.

Joãozinho, de 3 anos de idade, responde: "Eu não sei".

"Bem, Joãozinho, é importante ter objetivos na vida. O que você pretende conseguir no próximo ano?", sr. Henderson pergunta com grande expectativa.

Joãozinho parece confuso e começa a dizer algo, mas não consegue terminar. Ele apenas chora e se afasta.

O sr. Henderson parece confuso e diz para o pai de Joãozinho: "Você deve fazer com que ele tenha foco e dar a ele um pouco de determinação".

Qual foi o problema dessa conversa? O sr. Henderson, presidente de um banco, falou com Joãozinho como se ele tivesse 3 ou 30 anos? Ele não adaptou seu estilo de comunicação e falou com a criança do mesmo modo com que conversa com adultos.

Joãozinho conhece um novo amigo: parte dois

Vamos dar uma olhada no próximo cenário e verificar o que acontece quando o sr. Henderson se aproxima de Joãozinho de maneira diferente.

O pai de Joãozinho o chama para ir à sala, dizendo: "Joãozinho, este é o sr. Henderson, presidente do banco".

Sr. Henderson se abaixa para ficar com os olhos quase na mesma linha que os de Joãozinho e diz: "Ei, Joãozinho. Meu nome é Hank. Uau, sua camiseta do Bob Esponja é muito legal. Você gosta do Bob Esponja?".

Joãozinho sorri: "Hum hum", e aponta para a personagem em sua camiseta.

"Joãozinho, quantos anos você tem? Cinco?", sr. Henderson pergunta, sabendo que Joãozinho tem três.

Joãozinho sorri de novo e fala: "Não, tenho *tês*", e levanta três dedos.

"Três! Não é possível! Você é grande demais para ter três anos. Você parece ter cinco. Tem certeza de que você tem três?", sr. Henderson diz com grande surpresa na voz.

"Sim, tenho só *tês*", ele sorri orgulhoso, muito impressionado por alguém pensar que é grande o suficiente para se passar por cinco anos.

"Bem, você é um garotão e muito inteligente, eu posso ver. É muito bom conhecê-lo", sr. Henderson fala com sua voz mais amigável.

"Você quer brincar *com eu*?", Joãozinho pergunta para seu novo amigo.

O que aconteceu? O sr. Henderson adaptou seu estilo de comunicação à pessoa com quem conversava e ganhou a simpatia do garoto. Tenho certeza de que você já fez isso ou presenciou outros fazendo. É a única maneira de conquistar as crianças no início.

Será que o mesmo funciona com adultos? Absolutamente.

A fim de se comunicar de modo mais eficaz e rapidamente constituir um relacionamento com máximo potencial, seu estilo de comunicação tem de fazer com que a outra pessoa se sinta confortável. A questão é: você está fazendo isso atualmente com membros do sexo oposto? Você está sendo flexível e adaptável em seu estilo de comunicação ou está apenas fazendo o que é confortável para você, sem se preocupar com o que a outra pessoa pode gostar? Homens e mulheres se comunicam de modo muito diferente. Portanto, depende de cada sexo adaptar-se ao estilo do outro. Isso formará laços rápidos e fortes.

Homens, é isso que precisamos fazer em nossas conversas com as mulheres, de um modo condescendente e complacente mas sincero, com o objetivo de desenvolver um relacionamento. Isso serve para QUALQUER tipo de relacionamento. Algumas pessoas fazem isso naturalmente, e outras, não. Se desejamos criar relações significativas em negócios, é por aí que devemos começar. Devemos fazer um esforço consciente para adaptar nosso estilo e isso nos permitirá estabelecer laços através da comunicação.

Por que agimos desse modo?

Dra. Deborah Tannen liderou um estudo sobre comunicação comportamental de jovens de ambos os sexos para verificar como eles agem quando são solicitados a conversar enquanto são gravados. Os meninos ficaram extremamente desconfortáveis com essa situação, enquanto as garotas de todas as idades não tiveram problemas. Imediatamente, as meninas ficaram frente a frente, começaram a conversar e falaram, inclusive, sobre seus problemas.

Os garotos, por outro lado, sentaram-se paralelamente uns aos outros e pularam de um assunto a outro. Todos os tópicos se relacionavam a estabelecer planos para "fazer" algo juntos. Para eles, fazer coisas juntos é fundamental; sentar e conversar, simplesmente, não é essencial na amizade. Meninos são amigos dos meninos que fazem coisas com eles.

Já as meninas usam a conversa para criar proximidade e intimidade; para elas, a conversa é a essência da intimidade, ou seja, ser melhores amigas significa sentar e conversar.

É importante que as mulheres compreendam que a comunicação masculina se baseia em status. Pense em todos aqueles programas sobre natureza que você assistiu na televisão. O objetivo principal dos animais é acasalar e, para tal, eles devem ser poderosos o suficiente para desafiar os machos dominantes do bando. À medida que eles crescem, esperam seu momento até o acasalamento, estabelecido por uma ordem hierárquica. Quando um animal é grande e forte o bastante para ter a maioria dos animais sob seu jugo, ele está preparado para assumir o lugar do "velho". Se ganhar a briga, acasala com as fêmeas de sua escolha (elas acasalarão apenas com ele). Os machos humanos agem exatamente da mesma maneira.

Tal dinâmica é importante quando se observa outro ponto falho na comunicação entre homens e mulheres. As mulheres não conseguem compreender a resistência que os homens parecem apresentar quando elas pedem ajuda ou consideração deles. Elas devem lembrar o cenário anterior e compreender que, quando os homens fazem o que é solicitado, significa que perderam status nessa relação. Eles geralmente sentem que as mulheres estão tentando manipulá-los. O que uma mulher pode enxergar como uma simples solicitação é visto pelo homem como uma tentativa de manipulação, como se ela estivesse em uma posição de "vantagem".

Dra. Tannen detalha:

> *As mulheres querem que os homens façam o que elas querem. Se uma mulher percebe que algo que ela está fazendo realmente está prejudicando um homem, ela vai querer parar. Se nota que ele realmente quer que ela faça algo, ela vai querer fazer. Ela acredita que isso é amor, e que ele deve sentir o mesmo em relação a ela. Mas homens têm uma resistência profunda em fazer o que lhe dizem, em fazer algo que outra pessoa espera que eles façam. É a reação oposta à das mulheres.*

A autora lembra os leitores de que, claro, também existem homens muito prestativos com suas parceiras.

Em acentuado contraste ao estilo comunicativo do homem, que procura estabelecer e manter o status e o domínio, a comunicação feminina é mais igualitária ou orientada pelo consenso. Quando as mulheres se reúnem, elas buscam informações das outras mulheres presentes e tomam decisões baseadas nos desejos do grupo.

Isso significa no mundo dos negócios que cada sexo, no âmago de seu ser, é um animal diferente quando se trata de comunicação. Você está falando girafa, e eu estou falando leão. Nós, homens, podemos compreender a mensagem geral e o tom do que você está dizendo, mas os detalhes... Esqueça, não fazemos ideia. Sim, moças, estou falando com vocês também quando sugiro que coloquemos nossa girafa e nosso leão para conversar quando estivermos juntos, que falemos uma língua comum. A língua comum não é tão familiar para nós todos, mas sei que podemos fazer funcionar bem se tentarmos. Lembre-se de que o objetivo é criar laços, harmonia, confiança e segurança.

Primeiramente havia o Q.I. e o Q.E.; agora há o Q.G.

Senhoras, somos criaturas simples, curtas e diretas. Aqui vão algumas ótimas dicas para a comunicação com "os caçadores".

1. Vá diretamente ao ponto. Dirija-se ao objetivo da conversa e não faça rodeios. Odiamos conversas circulares; amamos aquelas que são focadas, diretas, que vão do ponto A ao B sem enrolações.
2. Se você tiver uma pergunta, faça-a.
3. Se você tem alguma necessidade, peça o que quer.
4. Compreenda que os homens não sabem o que as mulheres pensam, sequer possuem a mínima pista. Nós não somos os mais inteligentes quando o assunto é vocês, e o que vocês desejam. Já ouviu falar em Q.I. e Q.E., certo? Agora apresentamos o Q.G.: Quociente de Gênero. Trata-se da medida do nível de inteligência de uma pessoa em relação ao sexo oposto. Esse quociente surgiu de estudos realizados com mais de 10 bilhões de homens, durante os últimos 100 anos.

Tais estudos mostraram que, em uma escala de 1 a 10 (1 significa que um homem está teoricamente morto e dificilmente sabe que a espécie feminina existe ou reconhece qualquer diferença entre os gêneros, e 10 significa que o nível de comunicação dos homens equivale a uma alma gêmea verdadeira de uma mulher): em geral, os homens atingiram fortes 1,278 quando se trata de compreender as mulheres. Descaradamente, estamos muito orgulhosos por ter obtido pontuação tão alta. As mulheres, por outro lado, atingiram 4,00001. Tudo bem, vocês foram um pouco melhores do que nós, mas não fiquem tão orgulhosas. Vocês também não nos compreendem assim tão bem.

(Percebam que esses números são inventados, assim como o estudo. Mas entenderam o que eu quis dizer, não é? De qualquer forma, falso ou não, quero assegurá-las de que o recém-criado Q.G. veio para ficar.)

A seguir, alguns exemplos de como a diferença no Q.G. se manifesta em interações cotidianas entre homens e mulheres:

Quando ela diz: "Você é quem sabe."

Pensamos que ela quer dizer: "Você decide."

O que ela realmente quer dizer: "É melhor você saber o que eu realmente quero e me dar isso agora mesmo."

Quando ela diz: "Vá em frente e faça o que quiser."

Pensamos que ela quer dizer: "Tudo bem se você fizer o que quiser."

O que ela realmente quer dizer: "Eu não quero que você faça, e você vai pagar por isso depois."

Quando ela diz: "Eu não ligo para a aparência de um cara, contanto que ele seja legal."

Pensamos que ela quer dizer: "Desde que ele tenha muito dinheiro e uma posição de status, e consequentemente minhas amigas fiquem com inveja de mim, eu gostarei dele, independentemente de sua aparência."

O que ela realmente quer dizer: "É exatamente o que pensamos."

Que vergonha, meninas! Nós, homens, nunca seríamos tão tolos por gostar de uma mulher apenas porque ela tem um rosto bonito, um corpo maravilhoso, cabelos loiros, um grande fundo fiduciário e não fala nossa língua. Nunca!

E quanto ao Q.G. em networking?

Dicas para trabalhar conosco:

1. Não falem conosco sobre um problema. Peçam que o solucionemos. Nós não queremos falar a respeito. Queremos impressioná-las com nossa aptidão para resolver problemas.
2. Se vocês pedirem para resolvermos um problema porque vocês não sabem o que fazer, não nos digam que estamos errados e que há uma maneira melhor de fazer após dizermos a vocês como fazer. Se vocês já sabiam a solução, por que diabos nos perguntaram?
3. Não venham até nós com mau humor ou deprimidas. Permane-

çam serenas e lógicas. Por favor, assistam *Star Trek* e estudem o Spock. Copiem seu estilo de comunicação e seu modo de pensar.

4. Não presumam que queremos dizer algo diferente do que dissemos. Se eu falar "Gosto do seu cabelo", não respondam "Por quê? Não estava bom antes? E os sapatos? Por que você não disse nada sobre os sapatos? Por que não gostou deles?".

Grande parte desse problema é as mulheres sentirem que os homens não se comunicam e nem conseguem fazê-lo. Na verdade, os homens conseguem e fazem, de modo relativamente claro. Parece que nossa franqueza é nossa ruína.

Do ponto de vista de um homem, menos é mais. Por que usar dez palavras quando você pode usar duas? Pensamos que as mulheres possuem comunicação deficiente, pois continuam falando e nunca chegam ao ponto onde queriam chegar quando iniciaram a conversa.

Resolução

Mulheres, parem de esperar que os homens se comuniquem como vocês. Não iremos fazer isso. Podemos tentar, mas compreendam que não é nosso estilo natural fazê-lo.

Homens, conversem de verdade. Parem de dar respostas de duas palavras. Pratiquem a audição ativa.

Engraçado, mas verdadeiro

Este cenário é um verdadeiro clássico. Senhoras e senhores, eu os desafio a lerem isto e me dizerem que não é característico. Aposto que não conseguirão!

Bill convida Candace para sair. Eles se divertem. Então começam a sair com frequência.

Seis meses depois, no retorno do jantar, Candace diz "Você percebeu que hoje é nosso aniversário de seis meses?". Durante alguns segundos há silêncio no carro, e para Candace parecem horas de silêncio absoluto.

Ela se pergunta se ele ficou chateado com o que disse; talvez esteja se sentindo preso no relacionamento. "É possível que ele pense que estou tentando pressioná-lo a algum tipo de obrigação que ele não deseja ou do qual não tem certeza."

Enquanto isso, Bill está pensando: "Humm, seis meses".

Candace reflete: "Também não tenho tanta certeza se quero esse tipo de relacionamento. Às vezes desejo ter um pouco mais de espaço, então teria tempo para pensar se realmente quero que continuemos dessa maneira. Aonde vamos chegar com isso, de qualquer forma? Vamos apenas continuar a nos ver com este nível de intimidade? Estamos a caminho do casamento? Filhos? Uma vida inteira juntos? Estou preparada para esse nível de comprometimento? Ao menos conheço esta pessoa?".

Nesse momento, Bill está pensando: "Então, isso significa que... vamos ver... Em fevereiro, quando começamos a sair, que foi logo depois de comprar o carro, o que significa... deixe-me verificar o odômetro... Uau! Estou com a troca do óleo atrasada!".

Candace está a ponto de pensar que ele está desapontado. "Posso ver em seu rosto. Talvez eu esteja interpretando isso de forma totalmente errada. Talvez ele deseje mais de nosso relacionamento, mais intimidade, mais comprometimento. Talvez ele tenha sentido, mesmo antes de mim, que eu tenho algumas ressalvas. Sim, aposto que é isso. É por isso que ele está tão relutante em dizer algo sobre os próprios sentimentos. Ele tem medo de ser rejeitado".

Bill está pensando: "Sim, levarei o carro para olharem a transmissão novamente. Não ligo para o que esses bobões dizem, ainda não está engatando direito. E é melhor que não tentem culpar o frio desta vez. Que frio? Está 30°C lá fora, e esta coisa se move como um caminhão de lixo. Paguei 600 dólares a esses ladrões incompetentes".

Candace pensa: "Ele está bravo e não o culpo. Eu estaria brava também. Sinto-me tão culpada, forçando-o dessa forma, mas não posso reprimir o que sinto. Apenas não tenho certeza".

Bill: "Eles provavelmente dirão que a garantia é de apenas noventa dias. É exatamente isso o que dirão, aquela ralé".

Candace: "Talvez eu seja idealista demais, esperando o cavaleiro montado em seu cavalo branco, enquanto estou sentada ao lado de uma pessoa perfeitamente boa, alguém com quem gosto de estar, com quem me importo de verdade e que parece se importar comigo. E agora essa pessoa está magoada por causa de minha fantasia romântica e egoísta de colegial".

Bill: "Garantia? Perdi a garantia? Darei a eles uma garantia. Pegarei a garantia e..."

– Bill – Candace diz em voz alta.

– O quê? – Bill responde, chocado.

– Por favor, não se torture assim – ela diz, os olhos começando a encher de lágrimas. – Talvez eu nunca devesse.... ah, sinto-me tão...

Ela sucumbe, soluçando.

– O quê? – Bill diz, perguntando-se o que aconteceu.

– Eu sou uma boba – Candace soluça. – Quer dizer, eu sei que não há cavaleiro. Eu realmente sei. É bobo. Não há cavaleiro e não há cavalo.

– Não há cavalo? – Bill diz e se pergunta. – Que cavalo?

– Você acha que eu sou uma boba, não é? – Candace pergunta em um tom autopunitivo.

– Não! – Bill fala, pensando "Por que eu deveria?".

– É que... é que... eu preciso de um tempo – Candace diz.

Silêncio mortal novamente. Bill está tentando encontrar qual é a resposta correta aqui. Finalmente, ele surge com uma que ele imagina que funcionará.

– Sim – ele diz.

Candace fica tão sensibilizada que coloca sua mão na dele.

– Ah, Bill, você realmente se sente assim? – ela fala.

– Assim como? – Bill diz, pensativo. – Sobre o que estamos falando?

– Sobre o tempo – Candace pergunta.

– Ah – Bill fala. – Sim, claro.

Candace vira o rosto para ele e olha profundamente em seus olhos, fazendo-o ficar muito nervoso com o que ela poderia dizer depois, especialmente se envolver um cavalo. Ela finalmente fala.

– Obrigada, Bill – ela diz, carinhosamente.

– Obrigado – fala Bill, pensativo. "Ufa! Acertei."

Ele, então, leva Candace para casa. Ela deitará e chorará, uma alma torturada e confusa, enquanto Bill retorna a sua casa, abre um pacote de salgadinhos, liga a televisão e imediatamente se envolve em uma reprise de uma partida de tênis entre dois checos dos quais nunca tinha ouvido falar.

Uma vozinha nos esconderijos distantes de sua mente diz a ele que algo maior estava acontecendo lá no carro, mas ele está certo de que não compreenderá aquilo, e decide que é melhor não pensar a respeito.

Em casa, Candace liga para sua amiga mais próxima e elas conversam sobre o ocorrido por duas horas. Analisam tudo o que ela e ele disseram, revisando muitas vezes, considerando cada palavra, expressão e gesto, em busca de detalhes significativos e qualquer ramificação possível. Elas continuaram a discutir o assunto, vez ou outra, durante semanas, talvez até meses, nunca chegando a conclusões definidas, mas não se chateando com isso.

Enquanto isso, Bill, durante o jogo de basquete com um amigo em comum seu e de Candace, para antes de lançar a bola à cesta e diz:

– Steve, Candace já teve um cavalo?

Assumindo a responsabilidade pelo modo com que nos apresentamos

Você deve se lembrar do homem citado no Capítulo 1 que ficou muito impressionado consigo mesmo por apertar arrogantemente as nádegas de uma mulher em uma reunião de networking, tentando impressionar os amigos. Os homens precisam assumir a responsabilidade por suas ações. Em que mundo a atitude dele seria apropriada? Moças, em nome dos homens de todo o mundo, peço desculpas por ele. Aqui vai uma citação de um dos homens participantes de nosso estudo, que também apresenta alguns sujeitos irresponsáveis que entram no caminho do sucesso de todos:

> *Quando me conecto com uma mulher, sempre me pergunto qual é seu estado civil, antes de mais nada. Não faço ideia por que, pois sou muito bem casado e não ganho nada com essa curiosidade. Isso pode ser uma distração. Seria muito mais fácil se, ao se apresentarem, elas dissessem para mim qual é seu estado civil também e depois trataríamos de negócios.*

Deixe-me ver se entendi. Você é casado e se distrai por não saber se a mulher que conheceu é casada ou não? Mesmo? Isso não é apenas estranho, mas também assustador. Senhoras, lá vamos nós de novo, pedindo desculpas em nome do time.

Tais exemplos são realmente constrangedores e esses poucos homens estúpidos arruínam o restante de nós. Para eles eu digo que, se quiserem o tipo de reputação sólida que um verdadeiro profissional deve ter, ele deve agir como um profissional! Agora uma pequena pressão social: para aqueles que andam na linha, ensinem os que não fazem ideia, pois seu comportamento imbecil afeta a todos nós.

Alguns homens simplesmente não compreendem que quando estabelecem networking são sempre observados e julgados – até pelos próprios camaradas. Uma pergunta: quantos negócios você conseguiu através de amizades íntimas desenvolvidas em conexões? Para muitos, a resposta é: pouquíssimos. Você já se perguntou o motivo? Uma das razões poderia ser que, embora os colegas se divirtam com você, eles não confiam o suficiente para indicá-lo. Vocês podem se distrair tomando cerveja, mas indicá-lo para seu melhor cliente, membro da família ou amigo íntimo não acontecerá.

Tenha em mente que, em todo evento de networking, de qualquer espécie, você está sendo testado. Os profissionais dos negócios sempre estão em busca de um motivo para dizer "não". A impressão mais recente que você dá às pessoas durante uma "audição" é o que está registrado neste exato momento. Você sabia que os diretores que selecionam elencos por meio de audições para filmes e programas de televisão solicitam repetidamente avaliar os mesmos atores? Através da audição constrói-se credibilidade e reputação para determinados tipos de papéis para os quais as pessoas estão "selecionando". Quando um caça-talentos imagina que você seria bom nesse papel, ele se certificará de que você participará do convite para a audição mais de uma vez, embora o tenham visto antes. Essa repetição e visibilidade o ajuda a lembrar da persona do ator. Ele precisam ver a audição para esse papel, em sua condição atual, para tomar a decisão de recomendá-lo ou não.

O oposto também é verdade. Quando certos papéis surgem e ele pensa que você não seria bom, tendo por base as audições anteriores, ele não o convidar. Se você acabar passando na audição, a decisão já estará tomada, baseada em seu desempenho nas anteriores; portanto, é provavelmente apenas uma perda de tempo. Não desperdice sua oportunidade de ser convidado para audições futuras!

Cavalheiros, se vocês desejam estabelecer boas conexões e relacionamentos com mulheres, precisam se certificar de que, em todas as ocasiões que as encontrarem, as tratem como se fosse sua primeira audição. Faça cada impressão ser importante; isso pode lhe valer muito dinheiro.

Ela diz...

Quando o conceito desta obra veio à tona, disse a meus coautores acreditar que a maior diferença entre homens e mulheres quanto a networking é o modo com que empregam o Processo VCR® (Visibilidade, Credibilidade e Rentabilidade. Lembram-se?). Em minha experiência, percebo que os homens mudam diretamente da fase de visibilidade do relacionamento para a fase de rentabilidade, passando um período de tempo muito curto estruturando a relação durante a fase de credibilidade. Os homens tendem a mergulhar na parte dos negócios um tanto rápido demais.

Por outro lado, as mulheres mudarão da fase de visibilidade do relacionamento para a de credibilidade, sem a obrigação de evoluir para a fase de rentabilidade, em que indicações e negócios acontecem. Fiz essa afirmação para Ivan e Frank baseada em minha experiência de ensino e treinamento de pessoas para o desenvolvimento de redes rentáveis. É óbvio que ambos estavam um pouco hesitantes em abraçar o conceito, mas muito ansiosos para ver se nossos dados se comprovariam. Aconteceu, e nós também recebemos muitos comentários do mesmo estilo feitos por nossos participantes:

> *Quando me encontro com uma mulher para estabelecer redes e discutir negócios, acredito que passamos cerca de 90% do tempo nos conhecendo, falando sobre família, quem somos nós, nossas experiências etc.; depois passamos os 10% do tempo restante falando de negócios. Quando me encontro com um homem, passamos 10% de nosso tempo nos conhecendo e 90%, falando de negócios. Ambas as abordagens são eficazes, mas eu gosto mais de me conectar com mulheres.*

> *Creio que a maioria das mulheres que estabelecem redes está definitivamente mais interessada em desenvolver uma relação primeiro e, depois, negócios. A maior parte dos homens vai direto à parte da conversa na qual pergunta em que a outra pessoa trabalha.*
>
> *Em minha experiência, as mulheres tendem a estabelecer redes de modo intuitivo, mas são propensas a se concentrar em questões do relacionamento. Os homens tendem a se conectar através de um plano e são propensos a se focar em assuntos de negócios.*

As mulheres querem conhecer as pessoas que estão sendo adicionadas às suas redes. Não é muito frequente que, em um evento de networking, uma mulher desconhecida inicie uma conversa e, dentro de minutos, isso se transforme em uma tentativa de realizar negócios, seja uma venda ou uma indicação. Mas eu realmente vi isso acontecer com homens. E não apenas vivenciei isso repetidas vezes em negócios, mas também na vida pessoal. Na arena dos encontros e do namoro, quando os homens tentam ir da fase da visibilidade à da rentabilidade em uma relação, sem ao menos parar para construir um pouco de credibilidade, o relacionamento terminará em desastre.

Encontros amorosos e networking têm mais semelhanças do que diferenças. Ambos se baseiam em relacionamentos que demoram para ser criados e exigem cuidados com o passar do tempo, a fim de serem estruturados de modo benéfico para ambas as partes.

Por estar no mercado dos solteiros e adorar novas maneiras de me conectar, decidi tentar um daqueles programas de namoro online. Após um determinado cavalheiro (eu emprego o termo de modo livre aqui) e eu termos algumas conversas, ele me convidou para um encontro. Eu aceitei e o encontrei para tomar uma bebida e comer algo, mantendo um clima muito casual, exatamente da mesma forma que faria em uma reunião com um membro da minha rede, pela primeira vez. No decorrer de duas horas e duas taças de vinho, batemos um papo alegre sobre nossas famílias, profissões e hobbies.

Eu, então, decidi encerrar a noite, pois tinha que levantar cedo na manhã seguinte. Enquanto nos dirigíamos à porta, ele colocou o braço ao meu redor e disse: "Que tal você e eu irmos ao carro e nos pegarmos como adolescentes?". Lancei-lhe o olhar "você não deveria ter dito isso" e respondi que não. Pensei que esse seria o fim, mas ele disse: "Tem certeza? Seria divertido". Confirmei minha resposta e encerramos a noite. Não ouvi mais falar dele desde então. Ele estava correndo em direção à rentabilidade, quando eu ainda não o havia considerado na credibilidade. Quando uma pessoa se precipita da visibilidade diretamente para a rentabilidade, pula muitos encantos importantes. É uma solicitação prematura e, no final das contas, não é bom para nenhuma das partes. Este participante da pesquisa testemunhou o mesmo:

> *As mulheres abordam networking de modo diferente, pois, para a maioria delas, é muito mais importante construir uma relação de confiança e depois o negócio simplesmente acontece. A maioria dos homens deseja ir direto aos negócios e socializar depois que o acordo for feito. As mulheres sentem como se estivessem sendo coagidas a um acordo quando tudo o que os homens fazem é tirar os negócios do caminho para que possam curtir a celebração, e sinceramente mudarão de postura se pensarem que há qualquer hesitação sua em relação ao negócio. Esse é apenas um problema de comunicação.* Homens são de Marte, mulheres são de Vênus *vem à mente!*

Construir um relacionamento sólido, que apoie tanto seus objetivos pessoais quanto profissionais, exige tempo. Não há atalhos para estruturar relacionamentos.

Vejo exatamente o mesmo cenário reproduzido em networking, o tempo inteiro. Um dos maiores erros que as pessoas cometem é apressar relacionamentos, de forma muito semelhante àquele homem que saiu comigo. Não são apenas homens que o fazem. De forma esporádica, deparo-me com uma mulher agressiva que deseja ir imediatamente para uma venda ou para uma relação em que haja indicações. Uma vez que isso acontece, a conexão é, em geral, estragada sem a oportunidade de ser corrigida mais à frente. Se continuar a acontecer, aquela pessoa fatalmente desenvolverá uma reputação de "evite-a a todo custo".

O Referral Institute possui um processo único em cinco passos. O primeiro é a etapa da confiança, que dura a maior parte do tempo e não pode ser apressada. O segundo é a fase do conhecimento, durante a qual você transmite o conhecimento sobre seu negócio. Quando eu ensino os passos, inevitavelmente há um sujeito na sala que pergunta:"Se eu der a você conhecimento suficiente a meu respeito e sobre meu negócio, isso estabeleceria confiança entre nós. Certo?". Errado. Bem, talvez não seja tão errado se a rede for entre dois homens; mas será muito errada se for entre um homem e uma mulher. A perspicácia do negócio de um sujeito não estabelece confiança, tampouco as impressiona. Elas desejam conhecer as pessoas, quem são elas e o que é pessoalmente importante para elas além de seus negócios.

Rapazes, quando estiverem trabalhando com o Processo VCR®, não podem simplesmente pular da visibilidade para a rentabilidade em uma hora. Aprendam com meu pretendente infeliz!

Patty Aubrey, presidente da Jack Canfield Inc.

É mais fácil se comunicar com homens. É apenas informação. É mais simples. Apenas vá ao resultado. Com mulheres, é mais emocional. Você tem de dar uma história a elas.

As mulheres misturam um pouco mais o pessoal em seus negócios. Os homens tendem a ser mais negócios.

As mulheres necessitam emocionalmente obter mais de uma relação de negócios. Os homens são mais diretos.

Como cada um usa o Processo VCR®

Desde o início dos anos 1990, muitas pesquisas sobre comunicação entre os sexos têm sido realizadas por psicólogos, biólogos e neurocientistas. É claro que há diferenças cerebrais entre homens e mulheres, que influenciam o modo com que cada um prefere se comunicar.

As mulheres se comunicam a partir da emoção. Elas gostam de compartilhar os detalhes de como, por que e onde, assim como os sentimentos e as emoções que cercam as informações que transmitem.

Quando estão juntas, em grupos ou em reuniões individuais, elas aprofundam as conversas, comunicam suas experiências, compartilham histórias e colaboram para o consenso do grupo. Na próxima vez em que tiver a oportunidade de ouvir um grupo de mulheres, perceba como elas se apoiam e contribuem para as histórias umas das outras e para os temas das conversas.

Certa noite, participei da primeira reunião de um novo grupo de mulheres, e fiquei surpresa com a quantidade de informações pessoais compartilhadas, tendo acabado de conhecê-las. Eu também fiquei fascinada com o quão emocionais elas ficaram rapidamente, revelando como lamentavam coisas faladas por elas. Não demorou muito para que a conversa se voltasse para os homens e como eles falhavam na construção dos elementos pessoais dos relacionamentos.

Pesquisas afirmam que as mulheres usam duas vezes mais palavras ao dia do que os homens. Nós batemos papo com nossas amigas e formamos relacionamentos profundos baseados nessas conversas. Quando estamos conversando com alguém, estamos determinando a habilidade de conectar e construir confiança e compreensão.

Ela significa negócios

Grant Schneider, autora de *She Means Business: Seven New Rules for Marketing Today's Women*, tinha isto para dizer sobre mulheres e comunicação:

> *As mulheres tendem a se comunicar sobre a maioria das coisas, inclusive produtos, em um estilo de narração de histórias. Essa é uma forma de comunicação distinta e reflete as conexões fortes entre mulheres e o desejo de ajudar umas às outras. Ao compartilhar histórias, as mulheres reordenam, aprendem e formam laços duradouros. Poucos homens enxergam o valor de contar histórias e são muito menos propensos a compreender se conversas desempenham uma função decisiva em suas vidas.*

De acordo com o escritor John Gray, quando as mulheres estão em uma situação de networking, elas apresentam uma maior tendência a conhecer pessoas e expressar que são dignas de confiança, demonstrando interesse e fazendo perguntas. Infelizmente, elas estão esperando que a outra pessoa retribua o interesse, o que nem sempre acontece. O que elas não sabem é que o que funciona para as mulheres nem sempre funciona para os homens.

Quando os homens estabelecem networking, sua ênfase é afirmar quem eles são, o que conquistaram ou alcançaram, quais são suas responsabilidades e o que podem proporcionar. Eles se concentram em como tudo aquilo pode beneficiar outros em termos de rentabilidade, eficiência e outros aspectos. Mulheres acabam não tendo a oportunidade de compartilhar o que têm a oferecer e fechar um negócio depois de tudo.

Em outras palavras, moças, este é o momento em que somos geralmente dispensadas por não sermos tão sérias em relação a nossos negócios. Falhamos ao impressionar quando desviamos para uma conversa sobre relações, deixando o homem com quem estamos falando acreditar que não somos profissionais.

Essa é a principal informação a ser compreendida pelas mulheres quando estabelecem relações com homens. Muitas delas dedicam tempo à tentativa de impressioná-los com sua sensualidade, vestuário e flerte, mas eles desejam construir credibilidade rapidamente, e esperam que elas façam o mesmo. Eles querem saber o que elas alcançaram, o que estão fazendo agora e como isso pode ajudá-los. Teoricamente, deveria funcionar bem no mundo do networking. Embora o conselho não seja destinado à arena dos encontros amorosos, posso dar uma chance da próxima vez que conhecer um cara que desperte meu interesse.

Esse é exatamente o motivo pelo qual as mulheres consideram o networking muito mercadológico, e os homens sentem que as mulheres não levam seus negócios a sério. Chegamos a essa forma de comunicação a partir de dois aspectos completamente diferentes. Quando as mulheres se comunicam, tentam estabelecer uma relação de confiança, e o que ele ouve é um punhado de coisas pelas quais não se interessa. Então, moças, tentemos passar um pouco menos de tempo impressionando com nossos atributos e avancemos às perguntas diretas para construir relacionamentos. Esta citação de uma participante da pesquisa resume muito bem:

> *Falando de maneira geral, acredito que os homens são mais "curtos e grossos" quando se trata de networking. As mulheres comumente falam sobre tudo, menos negócios, quando vocês a encontram pela primeira vez – como cinema, restaurantes e família. Só depois falamos sobre negócios. Os homens tendem a chegar ao objetivo da conversa mais rápido. Isso possivelmente ajuda a encurtá-la, mas não tenho certeza de que alimenta a confiança ou fortalece tanto as relações. Os homens que gosto de indicar são falantes e amigáveis, e sinto que os conheço melhor.*

Devemos aprender a usar o Processo VCR® de modo eficiente em ambos os lados da cerca. Você dançou com alguém de forma desajeitada porque ambos tentavam conduzir? Seja o dois pra lá, dois pra cá ou o chá-chá-chá, ambos falharão se reprimirem os movimentos do outro. Sim, eu sei. É assim que a maioria dos homens dança, mas vocês sabem o que quero dizer.

Ambos devemos desempenhar papéis complementares, na mesma dança, para as coisas funcionarem. Moças, vocês não serão consideradas tão sérias em relação aos negócios se não conseguirem falar sobre suas realizações e objetivos, de modo a despertar interesse e mostrar como podem ajudar. Gabem-se de sua credibilidade. A maior queixa que ouço das mulheres é que estabelecer networking com homens é muito mercadológico. O problema verdadeiro talvez seja não falarmos apenas o que eles desejam escutar. Se eles querem dois pra lá, dois pra cá e nós queremos chá-chá-chá, algumas canelas serão arranhadas.

Homens, vocês não podem impressionar as mulheres dominando a conversa com o que realizaram e o que farão para elas. Isso nem é uma conversa.

Cortesia do *Dicionário Merriam-Webster*

con-ver-sa *substantivo*

Troca verbal de sentimentos, observações, opiniões ou ideias.

Observe as palavras "sentimentos" e "troca" na definição de "conversa". É um processo que vem e vai, colegas! As mulheres se impressionam quando você demonstra um esforço de conhecê-las e estabelece confiança dessa forma. Fazer o dois pra lá, dois pra cá é divertido, mas talvez seja o momento de acrescentar uma nova dança ao seu repertório.

Ter expectativas claras e comunicar suas necessidades

Estamos prestes a entrar em um território perigoso. Nós, mulheres, pensamos que nos comunicamos claramente com vocês, homens. Porém, de alguma forma, tudo fica confuso uma vez que atinge seus tímpanos e cérebro. Os homens acusam as mulheres de não serem diretas quanto ao que desejam ou precisam, como se tivessem de ler mentes. Eles obtiveram um índice muito baixo no quociente de gênero (Q.G.), com 1,74; enquanto as mulheres atingiram 4,0.

Aqui vão algumas informações fascinantes sobre o Q.G.: durante milhões de anos, os sexos vêm tentando compreender um ao outro. Livros, filmes, blogs, artigos, estudos, programas de rádio e televisão tentaram ensiná-los a se comunicar, sem muito sucesso. Você poderia pensar que nos compreenderíamos depois de tudo isso. Se esse fosse o caso, este livro não existiria.

A seguir, algumas coisas que os cavalheiros precisam saber para obter êxito ao estabelecer networking com mulheres.

Parem de tentar nos impressionar com rapidez. Ficamos comovidas quando vocês vão devagar o suficiente para estabelecer uma relação de confiança. Nos tempos pré-históricos, o homem das cavernas adquiriu o direito de procriar com mulheres através de disputas, mas você não é mais esse sujeito, e o pensamento de que sermos agarradas pelos cabelos é legal ficou no passado.

Mantenha contato visual enquanto fala, em vez de olhar para nossos ombros ou seios.

Nossos crachás servem para informar nossos nomes, não são uma passagem de ida para a Terra dos Bobões.

"A-ham" não é audição ativa e sabemos que significa que você apenas quer que pensemos que está ouvindo.

Tudo bem, a lista poderia continuar infinitamente, mas você entendeu as ideias.

Senhoras, quando se trata do registro do Q.G., as mulheres obtiveram melhores resultados porque os homens são muito simples. Infelizmente, esquecemos isso com frequência, mas é uma ótima dica que pode ajudar a nos guiar em nossa comunicação com eles.

Os homens estão dispostos a pedir indicações antes de nós, pois definem relacionamentos de modo diferente do nosso. Exatamente como meu pretendente ruim – que foi muito claro comigo sobre o que ele queria que eu fizesse –, homens em situações de negócios também querem fazer com que o acordo ou a enxurrada de indicações partam de você logo. Não há mistério sobre o que um sujeito deseja quando se comporta desse modo. Gosto daquela comunicação clara, que rapidamente apresenta o motivo e nos dá a oportunidade de dizer sim ou não e seguir adiante, exatamente como meu pretendente. Ela nos salvou, visto que comunicamos claramente nossos desejos.

Ser claro quanto às nossas expectativas é a peça fundamental para uma relação sólida de indicações, embora as mulheres geralmente sejam relutantes em dizer o que desejam e esperam. Não me leve a mal. Não o estou incentivando a ser como meu pretendente, rumo à rentabilidade a toda velocidade, no espaço de tempo de uma hora. Porém, nós, mulheres, realmente precisamos ser claras com nossos parceiros de negócios quanto ao que desejamos obter da relação. Em vez de nos sentarmos confortavelmente e apenas construir, construir e construir, devemos nos educar e compreender por que estabelecemos tal relacionamento. O que queremos obter de nosso parceiro de rede? Como ele pode nos dar isso, se não o temos claro para nós mesmas e não deixamos que saibam o que é?

Eu leciono em um programa de certificação para participantes de networking no Referral Institute. "Quinze maneiras com que os outros podem ajudá-lo" é uma parte do programa em que os participantes criam uma lista de táticas que ajudaram seus negócios e depois pedem a seus parceiros de indicações que os auxiliem a escolher esses itens. Sempre encontro resistência por parte de minhas clientes do sexo feminino em relação a essa parte, justificando não se sentirem confortáveis ao pedir que os outros façam tais coisas para elas. Quando pergunto se estariam dispostas a fazer essas coisas para seus parceiros de indicação, ouço um sonoro "sim!".

Por que elas não têm problemas em fazer os quinze itens para outra pessoa, mas não conseguem virar a mesa e ajudar a si mesmas? Um dos motivos para o desconforto é que, embora fiquem felizes em fazer esses favores para alguém, não se sentem confortáveis em pedir para que aquela pessoa retribua. Nenhuma delas deseja impor algo a alguém, o que faz todo sentido quando se considera que as mulheres são cuidadoras.

Acontece o mesmo em casa. Há pilhas de roupas lavadas na mesa da cozinha que precisam ser dobradas e guardadas. Passo pela cozinha muitas e muitas vezes e vejo que, não importa o tempo que passar, lá estarão as roupas. Há muitas pessoas na casa que poderiam levá-las, mas todos aparentam estar ocupados, e parece mais simples eu mesma fazer do que gastar tempo para retransmitir a mensagem.

Agora estou irritada. Por que estou fazendo isso? Não há motivos para que eu tenha que fazer todo o trabalho doméstico! Meu marido e eu somos igualmente ocupados com empregos em período integral e todos os tipos de obrigações. Quando ele toma conhecimento de minha irritação e pergunta o que está errado, eu respondo: "Com toda essa roupa lavada aqui, pela qual você passou duas vezes, eu não entendo por que você não a apanhou!". Ele responde: "Você não pediu". Minha réplica para isso é "Eu não deveria ter que pedir. Você deveria saber que era para simplesmente fazer. Por que sempre tenho que pedir?".

Soa familiar? É claro que sim. Se não expressamos nossas expectativas com clareza, os outros não nos ajudam e o que nos resta é fazer tudo sozinhas. Essa não é uma maneira eficaz de abrir ou administrar um negócio.

Deixei todos ao meu redor adivinhando o que eu queria e precisava sem mencionar como fiz isso tudo. Percebi que meu sucesso era limitado por minha habilidade de fazer tudo. Se eu fosse construir uma vida de negócios bem-sucedida, teria de aprender a ser clara com os outros quanto às minhas necessidades e expectativas. Também deveria estar disposta a permitir que outros me ajudem sempre que pedir.

Ouço mulheres reclamando o tempo inteiro sobre como elas não têm equilíbrio entre as vidas profissional e pessoal, e conseguem dar conta de tudo. Quando pergunto se consideraram delegar algumas das tarefas em casa ao esposo ou aos filhos, obtenho a resposta comum: "Ah, é mais fácil se eu fizer sozinha". Mesmo? Isso é realmente verdade? Se é muito mais fácil, então por que elas passam tanto tempo lamentando e reclamando?

Quando eu questiono os homens por que eles não ajudam mais, a resposta é "Ela não pede, e quando eu faço algo, ela critica e diz que eu não fiz do jeito que ela faria". Meninas, tudo isso funciona da mesma forma para os homens em sua rede. Você tem que dizer a eles o que quer e precisa, tem que estar disposta a delegar responsabilidades. Uma vez fazendo isso, abra mão! Se você quer fazer negócios com eles ou conseguir uma indicação, peça. A comunicação clara, direta e simples (porém educada) é o melhor jeito de se comunicar com os homens, em todos os setores da vida.

Os homens ficam confusos e assustados quando tentam descobrir o que as mulheres querem. Eles prefeririam estar no meio de um campo de futebol sem equipamentos de proteção e deixar um zagueiro de 150 quilos derrubá-los a tentar adivinhar o que desejamos e fracassar.

Homens e compras

Os homens lidam com compras e com mulheres em suas vidas de maneira muito semelhante com que abordam as atividades de networking. Eles são diretos, objetivos, buscam o que querem e seguem adiante. Porém, quando estão em pé, ao lado de uma mulher, falando sobre coisas pessoais, suas mentes começam a vagar.

Os homens não olham descompromissadamente ou perambulam. Eles têm um alvo, fazem um plano e conseguem o objetivo. Quantos homens que você conhece gostam de fazer compras? Estou falando de roupas e necessidades pessoais. Poucos homens que eu tenha conhecido realmente gostavam do processo de comprar roupas. Alguns até desenham um mapa do shopping center e planejam seu caminho de uma loja à seguinte, de modo que possam ser o mais eficientes possíveis. Sobre isso, estou pensando em lançar um aplicativo para celulares chamado GPS de Shopping Centers para Homens, o qual permitirá que mapeiem sua rota através de lojas que precisem ir com o mínimo de tempo de esforço.

Eu pensava que fazer compras fosse um comportamento aprendido, mas meu filho sempre odiou ir ao shopping, desde o momento em que nasceu. A cada vez que íamos ao shopping, ele começava a chorar, e depois a implorar "Podemos ir para casa agora?".

A única coisa que os homens odeiam mais que fazer compras para eles mesmos é fazer compras com uma mulher quando ela quer comprar roupas para ela. Eles não apenas detestam fazer compras com mulheres, mas quando se encontram nessa situação, realmente estão pensando em maneiras de se invalidar, apenas para serem poupados da atividade.

Como eu sei disso? Eu estava torturando um homem para me fornecer em "primeira mão" como os homens pensam e, após três dias de perguntas intermináveis, fiz com que revelasse o mecanismo de pensamento masculino universal quanto a fazer compras com mulheres. Casualmente, essa fonte secreta de angústia masculina no shopping center é Frank, meu coautor!

Ele comenta...

Sim, assim que somos empurrados ao gigantesco estacionamento do shopping, o instinto de luta pela sobrevivência se manifesta com ideias de inventar ferimentos. E se eu fingisse tropeçar? Eu poderia cair, dizer que machuquei o joelho e teríamos de ir para casa. Também poderia entrar no banheiro e dizer que me senti mal. Não, espere! Poderia me chocar contra a parede e os mictórios e dizer que fui atacado. Isso funcionaria melhor. Ainda melhor, eu sei o que posso fazer. Posso fechar uma porta em meus dedos. Claro, pode doer um pouco, mas valeria a pena. Espere um minuto.

Já sei! Se eu pular desta sacada do segundo andar para o primeiro andar do shopping, quebraria minha perna e isso me pouparia de fazer compras com ela por pelo menos oito semanas! Sou um gênio! E se eu bater minha cabeça quando aterrissar e tiver uma concussão, conseguiria dez ou doze semanas! Esse é o passaporte. Vale a pena colocar um ponto final nessa tortura de loja a loja, blusa a blusa, sapato a sapato. Aqui vou eu!

– FRANK!

– Hein? O que, amor? Ah, sim, esses sapatos combinam perfeitamente com sua blusa pêssego e pantalonas.

Apenas atire em mim agora!

É óbvio que a maioria dos homens, se não todos, negará completamente quando você os questionar.

Ela responde...

A questão é: homens se sentem confortáveis sendo diretos, fazendo coisas para finalizá-las rápido e, uma vez concluída a tarefa, estarão completamente abertos a relatar. As mulheres se sentem menos confortáveis com uma aproximação direta. Não significa que algum de nós esteja errado, mas ambos podemos nos ajustar. É uma questão de qual caminho cada um deseja seguir, como expressado a seguir:

> *Parece-me que os homens começam a falar de negócios imediatamente, enquanto as mulheres falam em um nível mais pessoal. Por exemplo, a primeira pergunta que um homem me faz é "Então, o que você faz?". A primeira pergunta de uma mulher geralmente é algo como "Então, como você conheceu nossa empresa?".*

Estabelecer credibilidade e rentabilidade com membros em networking significa que temos de aprender a nos comunicar de maneira eficaz, não apenas do modo que desejamos, mas como nosso parceiro de conversa deseja que nos comuniquemos. Por exemplo, se eu estiver em um evento de networking e encontrar um senhor pela primeira vez, é importante compreender que é provável que ele tente me impressionar, e vice-versa.

Depois disso tudo, podemos estabelecer confiança e credibilidade. Uma vez que ele saiba que sou séria em relação ao meu negócio e a ajudar os outros, posso me dirigir à construção de uma relação mais pessoal com ele.

Cheryl Baker, CEO da Humax

Muitas vezes, os homens fazem solicitações de negócios de modo realmente claro e óbvio, dentro de nossa astuta descrição de específico, significativo, autêntico, relevante e oportuno. O que acontece é que, às vezes, as mulheres fazem uma ou duas dessas coisas. Elas querem um bem maior, em vez de uma necessidade específica a ser satisfeita. A atividade poderia auxiliar em um nível moral ou basear-se em valores para uma causa pessoal, e elas colocariam sua causa à frente da solicitação, em vez de ir ao encontro das necessidades do negócio.

Um exemplo seria ter um emprego específico no conselho de um abrigo de sem-teto. Descobriríamos que elas geralmente colocariam a necessidade do abrigo de sem-teto à frente da própria função no trabalho.

As pesquisas dizem: Negócios *versus* relacionamentos pelo sucesso

Observamos as respostas dadas por pessoas que afirmaram que o networking foi importante para seu sucesso. Dentro desse grupo, comparamos aqueles que disseram concentrar-se primeiramente em negócios com aqueles que se voltam primeiramente ao relacionamento. Descobrimos que 87,1% das pessoas que afirmaram que o networking foi importante também sentiam que era melhor estabelecer um relacionamento antes e se concentrar no negócio depois!

Uma ênfase nos relacionamentos em primeiro lugar foi clara e, incontestavelmente, um fator crucial para determinar se as pessoas identificariam as redes como importantes para seu sucesso. Pessoas que sentiram que o networking foi importante tendiam a se concentrar no estabelecimento da relação antes de guiar um negócio. Isso parece destacar a eficácia da abordagem realizada primeiramente na relação.

Aqueles que pulam o estabelecimento de relações e tentam criar uma interação "totalmente nos negócios" descobrem que, em geral, a confiança e a boa vontade são mais do que apenas uma camuflagem: elas fazem parte do capital social que energiza uma relação mútua de recompensas em negócios. Pessoas que se desviam da constituição de relacionamentos são mais propensas a sentir que a rede não contribuiu para seu sucesso; elas provavelmente estão certas, pois estão agindo de forma errada. Os relacionamentos de networking que se desenvolvem através do Processo VCR® são muito mais fortes, duradouros e rentáveis do que os sistemas unicamente baseados em negócios que alguns julgam ser networking.

Se seus esforços quanto a networking se concentram na transação e não na relação, os dados parecem indicar de modo muito claro que você não ficará tão satisfeito com seu sucesso no decurso. Em outras palavras, é muito mais provável que sinta que o networking foi importante para seu sucesso se estabelecer relações primeiro, e depois, os negócios.

De modo interessante, nossos dados apontam que as mulheres parecem se sair um pouco melhor nessa área do que os homens. Elas não apenas tendem a apresentar foco na relação, mas você verá posteriormente como isso afeta a porcentagem de negócios que as mulheres geram, em comparação aos homens.

Gêneros à parte, aqui está a lição obtida que consideramos bonita e, digamos, sexy: quem se concentra primeiramente em relações é mais bem-sucedido.

Ele diz...

Apenas desejamos fazer as coisas. Pegamos a rota mais rápida para conseguir o que precisamos fazer do modo mais eficiente. Para nós, negócios não são tratados em relações até que o acordo seja feito. Falamos de negócios, fechamos o acordo e, depois, estabelecemos a relação com nossos clientes e com a pessoa que nos indicou. Se eu acreditar que a pessoa diante de mim é confiável, consegue fazer o que afirma e me fará bem se eu lhe der negócios ou indicações, então me interessarei pela relação.

Fazer o negócio antes é a forma de estabelecermos contato com os outros. Depois disso podemos sair para beber, jogar futebol e nos conectar de modo mais profundo. Ao estabelecer networking com mulheres, essa abordagem não funciona. As mulheres desejam nos conhecer, gostar e confiar em nós antes de nos dar negócios ou nos indicar a pessoas de suas redes.

Homens, as mulheres são excelentes em obter e dar indicações. Quando não dedicamos tempo para estabelecer a relação ou para levá-la a sério, perdemos muito. Não dói ir mais devagar, ouvir e conhecer nossas colegas do sexo feminino. Em vez de pular da visibilidade diretamente para a rentabilidade, devemos reduzir a velocidade para a fase da credibilidade da relação e estabelecer relacionamentos mais fortes e eficazes.

Solicitação prematura, por Ivan Misner

Alguém que você ainda não conhecia já solicitou uma indicação ou negócio a você? Chamo isso de "solicitação prematura".

Fui vítima de "solicitação prematura" diversas vezes. Recentemente, palestrava em um evento de networking e, antes de minha apresentação, um homem veio até mim e disse: "Oi, é mesmo um prazer conhecê-lo. Acho que você conhece Richard Branson. Eu ofereço serviços especializados em marketing e tenho certeza de que a Virgin Enterprises poderia se beneficiar com o que eu proporciono. Você poderia, por favor, apresentar-me a ele, para que eu mostre como isso ajudaria suas empresas?".

Tudo bem, então o que eu estava pensando era:

"Você está completamente fora de si? Você quer que eu apresente alguém conheço e com quem não tenho nenhuma relação ao sr. Richard, com quem estive apenas algumas vezes, para que tente vender a ele um produto sobre o qual não sei nada a respeito e que não utilizei? A-ham, beleza. Isso nunca vai acontecer."

Fico contente em informar que, no entanto, com muito esforço, consegui manter aquele pequeno monólogo em minha própria mente, optando por uma resposta muito mais sutil.

Respondi: "Oi, sou Ivan, sinto muito. Acho nos conhecemos, como é mesmo seu nome?". Isso o surpreendeu o suficiente para fazê-lo perceber que sua "solicitação" poderia ter sido um tanto "prematura". Expliquei que eu constantemente indicava pessoas para meus contatos, mas apenas depois de ter estabelecido uma relação de longa data e sólida com o prestador de serviço, em primeiro lugar. Ele agradeceu e se dirigiu à próxima vítima.

O que foi ainda mais inacreditável é que, alguns meses depois, escrevi sobre minha experiência em uma de minhas redes sociais preferidas. Isso resultou em um grande diálogo, no qual a maioria das pessoas compartilhou suas histórias de horror e frustração sobre indivíduos que se lançaram sobre elas em reuniões pedindo trabalho, mesmo nunca tendo encontrado a pessoa antes.

Toda vez que começo a pensar que essa é quase uma sensação universal de desgosto que ronda o networking, sou levado de volta à realidade pela minoria das pessoas que ainda pensa que essa é, de fato, uma boa técnica para estabelecer networking.

Para minha perplexidade, um homem realmente escreveu no fórum:

> *Eu não consigo acreditar que você precisa, primeiramente, ter um relacionamento com a pessoa para quem está pedindo indicação. O que você precisa ter é uma história atraente ou produto/serviço que beneficiaria genuinamente a indicação. O fato de não ter cultivado um relacionamento com a pessoa torna-se irrelevante, pois o mais importante é estar em uma posição de ajudar (seu contato) a beneficiar-se com a apresentação. Se for um benefício verdadeiro à pessoa que é indicada, não vejo problemas.*
>
> *Trata-se de beneficiar o que está sendo indicado, em vez do relacionamento com a pessoa que solicita a indicação.*
>
> *Quem sou eu para negar algo bom a meus contatos?*

Uau! O que posso dizer? A "relação" é irrelevante! Tudo o que você precisa ter é uma boa história, produto ou serviço e eu devo apresentar você ou qualquer estranho a um bom contato meu! Mesmo? As pessoas realmente pensam assim?! E quem garante que ele ou ela tem um bom produto? De acordo com esse depoimento, não importa se eu de fato conheço ou confio na pessoa que deseja fazer o negócio. Contanto que ela ofereça um bom produto (ou se ela diz isso), devo indicá-la porque, do contrário, "negaria" algo bom a meus contatos!

Estabelecer redes trata-se de caçar. Diz respeito a cuidar e cultivar relacionamentos. Não se envolva com "solicitações prematuras". Você estabelecerá melhores conexões se lembrar disso.

Ela diz...

É óbvio que o relacionamento é o mais importante. Estamos dizendo isso desde os tempos em que se planejava casamentos entre reinos. "Mas mãe, eu realmente quero amar o homem com quem me casar. Eu não quero que seja uma fusão de negócios". Sempre se trata do relacionamento em primeiro lugar, mas não pode ser simplesmente assim. Temos de encontrar aquele equilíbrio feliz, criar uma relação à qual possamos recorrer e pedir indicações de negócios ou conexões. Quando temos um bom relacionamento com os membros de nosso networking, eles ficam mais do que felizes por estabelecer conexões para nós.

CAPÍTULO

4

Obstáculos do networking específicos dos gêneros

As pesquisas dizem: Melhor momento para estabelecer networking

Tendo dirigido a maior empresa de networking do mundo durante muitos anos, às vezes ouvia pessoas expressarem preocupação sobre obrigações familiares interferirem na capacidade de participar de reuniões de negócios. Mergulhei nesta pesquisa com a expectativa de encontrar uma diferença dramática entre as opiniões de homens e mulheres sobre essa questão. E fiquei surpreso com o que descobri.

Muitas mulheres me relataram que participar de reuniões de networking pela manhã era muito difícil para elas. Isso é compreensível, pois apesar de nossa sociedade ser mais igualitária quanto aos gêneros do que já foi no passado, muitas mulheres me contaram que a maior parte do funcionamento doméstico, a organização dos eventos familiares e a tarefa de levar as crianças à escola ainda são responsabilidades femininas.

Ainda em relação aos resultados de nossa pesquisa, a diferença entre homens e mulheres veio a ser muito pequena. Somente uma porcentagem pouco maior de mulheres (9,3%), se comparada aos homens (8,4%), expressou dificuldade com reuniões matutinas. Quase 22% dos homens, em comparação com cerca de 19% de mulheres, afirmaram ser sempre mais fácil participar de eventos de networking pela manhã. Embora as mulheres participantes de nossa pesquisa considerassem reuniões matutinas menos convenientes, não foi um número tão vasto.

Esse pode ser outro exemplo em que a exceção se torna a percepção — sendo a percepção, no caso, a minha própria. As mulheres que desabafaram emocionalmente sua insatisfação quanto a reuniões matutinas pareciam um grupo maior do que de fato eram. Isso propõe a questão: em que grau mensagens emocionalmente retransmitidas afetam nossa percepção dos fatos, assim como nossa tendência em recordar notícias ruins ou estereótipos negativos?

Emoção ou fato?

Se um ouvinte receber a mesma mensagem, primeiro de um falante não emotivo, apenas com o relato dos fatos e, depois, de um falante sentimental e aflito, é muito mais provável que o ouvinte dramatize ou exagere a informação recebida no segundo cenário. O lado oposto da elocução dramática e emocional de uma mensagem é que o ouvinte pode, na verdade, reduzir a informação, imaginando-a exagerada.

Pense no cenário clássico pelo qual a maioria de nós passou, em que uma pessoa conhecida por sua dramaticidade retransmite emocionalmente uma mensagem dramática. Você não acha que o cenário descrito esteja apenas um pouquinho exagerado? A emoção exacerbada em geral é transferida de um falante a um ouvinte, e é uma técnica que a maioria dos excelentes oradores afinou, transformando-a até numa forma de arte graças ao seu poder de manipulação.

Por ter ouvido algumas mulheres me dizendo diretamente que isso poderia ser um problema, preocupei-me de imediato com o fato de que, se agendássemos reuniões pela manhã, poderíamos causar dificuldades para a maioria das mulheres na empresa, e fazer — de modo não intencional — com que deixassem o grupo. Como era de se esperar, o problema não se disseminou e, sem queixas, as mulheres de toda a empresa participaram das reuniões matutinas com a mesma assiduidade e comprometimento que os homens. Minha sensibilidade a problemas relacionados ao gênero foi responsável por eu considerar o possível problema das reuniões matutinas maior e mais aflitivo do que realmente era. Esse é outro exemplo de como emoções atreladas a fatos podem exagerar a percepção.

Apesar de os dados não demonstrarem uma diferença significativa entre homens e mulheres nessa questão, as poucas mulheres que desaprovam reuniões pela manhã parecem ser veementemente contra. Observe a escolha das palavras de uma delas em um comentário colérico:

> *Minhas responsabilidades maternais tornam impossível um café da manhã bem cedo. As mulheres são incapazes de participar de reuniões matutinas porque escolheram ser boas mães também. É apenas um dia triste para um grupo de networking! Muitas vezes me questiono se os idiotas misóginos que comandam esses grupos sequer percebem que as mulheres controlam mais gastos do que os homens, são melhores em networking e são responsáveis pelo início de pequenos negócios mais do que eles. Quem sai perdendo são eles.*

Moças, por favor, não atirem no mensageiro: os dados não mostram uma diferença grande entre como homens e mulheres se sentem em relação ao período do dia em que as reuniões de networking ocorrem. Contudo, os comentários sem dúvida mostram. Isso indica que, embora não haja grande diferença nas respostas de homens e mulheres, existe um nível bastante elevado de sentimentos intensos atrelados ao assunto naqueles que se sentem prejudicados a respeito.

Um número de mulheres expressou preocupação quanto ao fato de o período da reunião ser um desafio para outras mulheres — assim como para alguns homens. Isso é percebido no comentário a seguir:

> *Ouvi diversas vezes que as mulheres, em geral, consideram mais difícil comparecer a reuniões matutinas de networking, pois em geral estão cuidando dos filhos, levando-os à escola etc.*

Levando em consideração essas poucas respostas de reprovação quanto a reuniões matutinas, em geral parece que não importa muito a qualquer um dos gêneros que as reuniões ocorram pela manhã, ao meio-dia ou à noite, embora as mulheres considerem as obrigações familiares um obstáculo ao networking um pouco mais do que que os homens.

Embora a gravidade do problema não se afigure tão grande quanto a verbalização expressiva possa fazê-lo parecer, minha percepção é que se trata de um problema sério para algumas pessoas.

O networking na hora do almoço foi preferido mais intensamente por mulheres, com o dobro do índice de respostas (8,7%) que os homens (4,7%), concordando que é sempre um momento melhor. Homens e mulheres classificaram o networking noturno tecnicamente da mesma forma.

Ele diz: Os benefícios do networking sobrepõem-se aos obstáculos de agendar encontros

Ouço pessoas se referirem a eventos de networking como obrigações, o que não compreendo. Como pode o ato de reunir-se, trocar ideias e socializar — ferramentas de baixo custo e grandes benefícios — ser uma chatice? As pessoas falam como se fosse uma tarefa desagradável. Se eu tivesse a oportunidade de divulgar meu negócio gastando muito dinheiro em publicidade, com a esperança de um retorno do investimento, ou gastar muito menos estabelecendo networking com pessoas de minha comunidade, NÃO HÁ O QUE DISCUTIR, especialmente tendo em vista que os efeitos permanentes do negócio obtido com networking são mais consistentes do que os da publicidade paga!

A mensagem que estou prestes a dar é para os homens, mas deve ser considerada pelas mulheres também. Gastar dinheiro sem necessidade em marketing é simplesmente burrice. Os benefícios do networking cara a cara não apenas se sobrepõem aos da publicidade paga, mas vão muito mais além do que apenas ampliar seu negócio. Rapazes, se vocês insistirem em rebaixar o networking a alguns dos pequenos desafios que o acompanham, vocês são uns tolos!

Primeiro, vamos examinar cuidadosamente os benefícios financeiros. Como vocês sabem, em qualquer negócio, há que se considerar os custos relacionados às moedas fracas e fortes. "Moeda forte" é aquela que você tira do bolso; inclui cartões de crédito, dinheiro em espécie, cheques e outros bens com valor monetário. O termo "moeda fraca" é empregado para atribuir valor a serviços ou tempo investido, outrora conhecido como "ações de recompensa". Não é uma retirada financeiramente tangível da conta bancária ou do bolso; ao contrário, é seu valioso tempo. As pessoas tendem a investir mais dinheiro na forma de ações de recompensa ou moeda fraca do que podem querer gastar de fato em papel-moeda, grana, notas de um ou cem dólares. Compreendeu? As riquezas que o tempo investido colhe são maiores do que a moeda forte gasta. Você também pode obter mais valorização para seus investimentos em moeda fraca do que conseguiria por gastar o que você imagina ser o equivalente em grana.

Se você fosse somar os investimentos do trabalho em moeda fraca, networking, conexões e estabelecimento de relações, poderia se surpreender com o valor financeiro destinado a seu negócio.

Espere um momento. Isso contradiz o networking como um modo fácil de poupar nosso dinheiro porque estamos "gastando" mais moeda fraca? Claro que não, pois quando o networking é realizado de maneira eficiente, em especial por donos de pequenos negócios e profissionais de venda, seu rendimento é maior, e seus resultados, mais duradouros do que apenas publicidade.

Vejamos a lista de efeitos financeiros positivos que o networking traz, além de simples números de venda:

Aumento do volume de vendas.

Maior valor médio por venda.

Maior razão de fechamento.

As indicações tendem a ser de profissionais muito qualificados.

Maior ocorrência de lideranças e indicações.

Melhores benefícios em relação ao marketing boca a boca.

Maior lealdade do cliente.

Reconhecimento mais forte da comunidade.

Maior valor atribuído.

Quanto mais relacionamentos sólidos construir, mais confiável você será. Quanto mais sua credibilidade crescer, mais pessoas o contratarão e o recomendarão. A impressão de qualidade é criada através do networking. Com o aval de muitas pessoas sobre você, seu nome será transferido com mais e mais frequência e confiança. Após ter confirmado repetidas vezes a prova de qualidade, você será referido de tal maneira que nem seu preço nem a qualidade serão questionadas.

Elucide sua qualidade e ética

A impressão da qualidade é poderosa. Sabe-se que os consumidores estão dispostos a pagar mais pelos serviços e produtos que possuem ética elevada e valor propriamente dito. De agricultura orgânica local e alimentos seguros até café produzido para o comércio sustentável e negócios que doam parte de sua produção a empreendimentos filantrópicos, consumidores, em suas opções de gasto, estão mostrando ao mercado que a ética e a qualidade são o que eles querem. Que maneira melhor de transmitir a imagem de qualidade para seu negócio do que com a chancela daqueles que acreditam tanto em você que não conseguem parar de falar sobre você?

A publicidade é um recurso poderoso e importante para um negócio, porém não pode substituir a credibilidade e a reputação constituída pela interação física e social, que podem acentuar sua reputação e gerar maior consciência de sua credibilidade. Se você apresenta a si e a seu serviço de modo excelente, também pode alastrar como um incêndio a reputação de sua benevolência, inteligência, amizade e boas ações. Pessoas gostam de fazer negócios com pessoas, e não com empresas ou testas de ferro. Para a oferta de um negócio ao consumidor local, o marketing mais importante que pode ser investido é divulgar e realizar networking de modo eficaz nas regiões próximas.

Como homem, prefiro reuniões matutinas, pois não geram tantas interrupções em meu expediente das nove às cinco, ao contrário do que ocorre em outros horários. É óbvio que é mais fácil comparecer a uma reunião antes ou após o trabalho, mas, obstáculos à parte, eu farei o que for melhor ao final! Quando alguém percebe o enorme valor obtido através do networking, o inconveniente de adaptar agendas para marcar reuniões poderá ser mais facilmente superado.

Prefiro não interromper meu expediente para ir a uma reunião durante o almoço e, ao final do dia, estou cansado e preferiria ir para casa e relaxar com a família. Mas, se há uma oportunidade valiosa para realizar networking, eu irei. Por quê? Porque eu sou o caçador! É minha função abater o dinheiro e trazê-lo para minha família. Essa é minha responsabilidade resoluta, e quanto mais sou visto (visibilidade), mais pessoas se lembrarão de mim. Quanto mais meus relacionamentos se aprofundarem graças a meu zelo por eles, mais sólida se tornará minha reputação (credibilidade).

Por favor, compreenda que não estou negando o valor ou a importância da propaganda. Pelo contrário, se você estiver fazendo networking e tornando-se conhecido, uma publicidade com tempo adequadamente determinado, propaganda estratégica ou plano de marketing podem construir sua credibilidade com velocidade e força. O aspecto mais importante a se recordar é que as pessoas têm que vê-lo para saberem que você existe. É sobre seu entusiasmo, integridade e coragem que as pessoas falarão, portanto você tem que sair para apertar mãos e beijar bebês, como se diz, para mostrar-lhes o quanto você é formidável.

Ela diz...

Essa estatística me surpreendeu! Homens e mulheres concordaram que a hora do almoço era a melhor abertura para o networking, preferindo-a aos períodos matutino e noturno. Também houve números maiores do que o esperado de mulheres que acreditavam que as opções pela manhã ou noite eram boas. Surpresa, surpresa! Eu realmente esperava encontrar um número maior de mulheres contrárias àqueles períodos, em razão de suas obrigações familiares.

Em minha carreira como diretora da BNI, uma das queixas mais comuns que já ouvi de mulheres é que elas não conseguem ir aos encontros matutinos porque têm de levar os filhos à escola. Imagine minha surpresa ao tomar conhecimento de que os dados não se provaram uma generalização precisa da maioria das mulheres. Posso apenas supor tratar-se de uma desculpa usada por aquelas que não desejam comparecer a uma reunião, mas têm dificuldades em dizer não. A próxima questão revelou que nem homens nem mulheres sentiam que obrigações familiares — na maioria dos casos — eram um obstáculo para suas atividades de networking. Isso aumentou, de fato, minha surpresa.

Será que as mulheres usam as obrigações familiares como justificativa para não ser ativas ou se reunir aos grupos? É possível que estejam simplesmente escapando de convites para evitar confronto? Talvez encontrem dificuldade em dizer coisas como "Não, não sinto que este grupo tem a ver comigo". Se isso é ou não verdade, e em que grau, não está claro; mas para vocês, mulheres que de fato consideram a agenda uma grande barreira e sentem seu tempo disputado, tenho algumas ideias que podem facilitar o equilíbrio entre reuniões de networking e vida familiar.

Desenvolva sistemas em relação às atividades de networking que incluam rastreamento.

Escolha o tipo exato de atividades de networking.

Automatize seu networking, para conseguir dedicar tempo ao trabalho com sua rede em vez de apenas estabelecer networking.

Com muita frequência, nos encontramos correndo de um evento a outro, sem qualquer objetivo ou plano. Então acabamos por gastar nosso tempo em conversas equivocadas, com as pessoas erradas no momento errado. As três dicas anteriores podem ajudar a criar mais equilíbrio, pois você terá um foco mais claro.

Família: um esforço para a igualdade de oportunidades

Cada vez mais homens estão assumindo obrigações familiares enquanto suas esposas trabalham. Rapazes! Adivinhem só? Isso exclui parte de sua responsabilidade pela renda, delega alguma sobrecarga de trabalho às mulheres, permite que elas dividam tal responsabilidade e que se criem ajustes benéficos para vocês.

É óbvio que você precisa estabelecer networking em momentos em que equilibra as tarefas domésticas e a vida familiar. Obstáculos adicionais podem surgir caso suas horas de trabalho se estendam até tarde da noite e você não consiga chegar a reuniões durante o café da manhã, ou se seu expediente inicia muito cedo, e não há espaço para flexibilidade ou compreensão de seu empregador sobre chegar mais tarde de vez em quando. Você pode desejar tocar no assunto com seu chefe para verificar se há, ao menos, uma opção.

Além disso, se seu expediente realmente fica corrido no meio da tarde, frenético com reuniões ou viagens pela cidade, você talvez queira evitar almoços de networking porque pode ter dificuldades em chegar pontualmente.

Escolha o que funciona em harmonia com seu estilo de vida e agenda. A noite pode ser seu momento de qualidade familiar ou social, portanto, comprometer-se com grupos noturnos, mesmo que consiga comparecer a alguns deles, poderia causar estresse e desafios a longo prazo. Lembre-se de que você tem de estar envolvida e comprometida com o grupo ao longo do tempo se espera obter resultados ótimos. Isso significa que o tempo que você investe na organização não é apenas destinado a reuniões habituais.

Permita espaço em sua agenda, assim você pode também doar tempo a subcomitês do grupo ou se voluntariar à coordenação ou liderança de projetos, e possivelmente chegar cedo e ficar até tarde para reuniões. Todos esses detalhes são um trabalho de amor que você investe na organização e, em última análise, em seu negócio. Com muita frequência, as pessoas se filiam a grupos quando na verdade não têm tempo para permanecer envolvidas de forma ativa e com qualidade. É melhor pertencer a menos grupos nos quais você pode, de fato, investir, do que em muitos aos quais acaba não aparecendo ou apenas participando de modo superficial. Você se frustrará com a falta de resultados se não escolher a primeira opção, sem mencionar que a organização deixaria escapar quaisquer benefícios que sua participação mais profunda poderia ter trazido à mesa, caso tivesse se concentrado em quantidade, não em qualidade.

As pesquisas dizem: Obrigações familiares

Embora as obrigações familiares não fossem um grande problema, a Figura 4.1 mostra que as mulheres, em geral, assim as consideram um pouco mais do que os homens: 37% de nossas participantes afirmaram "às vezes a sempre" (25,1% mais 11,9%, se combinados), em comparação com 32,8% (23,2% mais 9,6%) de homens, nas mesmas categorias.

Essa não é uma diferença enorme, mas é interessante do ponto de vista estatístico.

Afirmações para avaliar: Acho que as obrigações familiares impedem ou dificultam o networking

	Mulheres	**Homens**
Geralmente ou sempre	11,9% (663)	9,6% (531)
Às vezes	25% (1 394)	23,2% (1 285)
Nunca ou raramente	63% (3 502)	67,2% (3 719)

FIGURA 4.1: Obrigações familiares, por gênero.

Uma participante acrescentou:

> *Os eventos de networking são frequentados por menos mulheres porque elas têm compromissos familiares.*

Outra mulher disse:

> *As mulheres tendem a estabelecer menos networking por causa das obrigações familiares, em especial as relacionadas a filhos pequenos.*

Mais uma vez, a gravidade do problema não parece estar de acordo com a verbalização do problema. Embora essas participantes indiquem que mulheres consideram as obrigações familiares um impeditivo maior do que os homens, a pesquisa reflete que as obrigações familiares não representam um desafio sensivelmente maior para elas do que para suas contrapartes do sexo masculino.

Qual é o problema?

Por que cada gênero preocupa-se com seus próprios e exclusivos obstáculos ao networking? Desde responsabilidades familiares até desafios com os horários, como falta de motivação ou o fato de os problemas serem assertivos, as mulheres têm uma gama de preocupações que agem como obstáculos à realização do networking. Os homens parecem ter mais problemas com os costumes sociais e com a prática da sensibilidade no processo de networking.

Um estudo fascinante do professor de psicologia Richard Haier, da Universidade da Califórnia, Irvine, em parceria com colegas da Universidade do Novo México, investigou o problema do problema, ou seja, as substâncias branca e cinzenta que constituem nosso tecido cerebral. Embora seja de nosso conhecimento que ambos os sexos pontuem igualmente em testes de inteligência geral, novas informações do estudo clareiam o mistério que ronda a inteligência. O estudo revelou que os homens possuem quase 6,5 vezes mais substância cinzenta relacionada à inteligência geral. As mulheres têm quase 10 vezes a quantidade de substância branca relacionada à inteligência.

A principal função da substância cinzenta é processar informações, enquanto a da substância branca é integrar, conectar e distribuir a informação colhida da substância cinzenta. Outro ponto que vale a pena elucidar é que a substância cinzenta nos cérebros das mulheres distribui-se mais dentro da substância branca, ao contrário do que ocorre no cérebro masculino — mais separadamente. Isso explica por que mulheres se destacam em linguagem, atividades comunitárias e conexões, ao passo que homens são mais direcionados a objetivos, matemática e tarefas.

Ele diz: O conflito entre as obrigações familiares e o networking

Como provedor, minha principal responsabilidade em relação à minha família é prover. Devo fornecer moradia, alimentação, aquecimento, transporte e todas as demais coisas que têm custo. Apesar do número de mulheres que desempenham a função de principal provedora estar aumentando — em mais de 60% dos lares —, os homens ainda detêm essa função, com a mulher sendo a principal cuidadora da família, de acordo com uma pesquisa realizada em 2010 pelo site WorkingMother.com.

As responsabilidades da cuidadora e do provedor são ambas difíceis, e são muitas as horas de suor igualmente investidas. Os deveres e as exigências custam dinheiro, energia e — mais importante — tempo. Para o provedor, aquele tempo gasto é geralmente longe do lar. É lamentável, mas devo fazer o que faço para sustentar minha família e manter o estilo de vida que minha esposa e eu decidimos ser o certo para nós.

O networking é uma parte importante de meu negócio. Estabelecer relações, criar visibilidade e tirar vantagem da apresentação de oportunidades para novos profissionais da comunidade são aspectos obrigatórios para o crescimento de um negócio em âmbito local. Sua família sofre por causa disso? Lamentavelmente, sim.

Gostaria que as mulheres lessem isto para compreender que, para a maioria dos homens, o tempo afastado da família não é o que desejamos — é apenas o que deve ser feito. O motivo pelo qual o tempo com a família não atrapalha meu networking é porque sei que, para minha família continuar a ser meu compromisso principal, concentrar-se em meu negócio deve continuar a ser meu objetivo principal.

Há ciclos em que produzo o fluxo de caixa necessário para satisfazer os objetivos de minha família e então posso relaxar ou "navegar pela costa" durante um tempinho e passar momentos com a família, porém aí o ciclo inevitavelmente recomeça e eu tenho que respeitar os altos e baixos para manter meu livro-caixa equilibrado. Além disso, ao trabalhar duro nas noites e manhãs que não são reservadas a eventos familiares importantes, posso avançar um pouco e ficar livre para aproveitar o tempo com minha família.

Ela diz...

São quatro da tarde e eu trabalhei o dia inteiro, começando com minha família, e saindo cedinho para levar cada um de nós às suas respectivas atividades. No decorrer de um dia comum, a velocidade das obrigações é vertiginosa. Corro com um filho até o futebol e outro ao beisebol, vou à lavanderia, voo até em casa e ponho as crianças para fazer a tarefa, arrumo as roupas, coloco o cão para fora de casa, atendo o telefone e embrulho os lanches para amanhã. No fim do dia, enquanto ainda me encontro no meio disso tudo, ouço uma voz berrando pela casa, mais forte que o som da televisão, que pergunta "Amor, o que tem para o jantar?". Eu travo e penso no que há de errado com ele. É como ter mais uma criança na casa!

Como mãe, esposa e dona de negócio, a organização de meu tempo é extremamente importante. Estou sempre buscando uma forma de equilibrar essas três áreas. Na maioria das vezes, me sinto como uma animadora de um circo com três picadeiros, repletos de palhaços descontrolados correndo ao meu redor. Antes de aprender o delicado ato de equilíbrio da organização de tempo, soube que o networking era importante para criar visibilidade ao meu negócio, mas essa atividade era interrompida entre compromissos com os filhos, marido, participação na escola e na associação de pais e mestres.

Se fosse a um evento de networking, precisaria ter certeza de que minha família estaria sob controle durante minha ausência. Se fosse a uma reunião à noite e deixasse as crianças com o pai, precisaria ter certeza de que haveria algo pronto para comerem e deixar lembretes para fazerem a lição de casa. Quando chegava em casa cansada da reunião, ainda tinha que garantir o café da manhã e o dinheiro para o lanche para a manhã seguinte. Se o tempo permitisse, poderia ainda ter sorte o suficiente de ganhar uma pilha de roupas para lavar antes de deitar. Esse caos e superexigência podem ser opressivos, e provavelmente são o motivo pelo qual tantas mulheres escolhem realizar menos networking do que os representantes do sexo masculino.

A maior queixa que ouvi das mulheres diz respeito à incapacidade em participar de eventos de networking por causa de questões familiares, como pegar os filhos na escola. Em minha própria experiência, às vezes foi difícil realizar networking. Há mais oportunidades de networking hoje do que no início dos anos 1990, então as mulheres têm uma maior variedade de escolhas para se ajustar a suas programações familiares.

A questão absoluta de sermos tão ocupadas como animadoras de nossos próprios circos torna de vital importância fazermos o melhor uso de nossa divisão de tempo para networking e negócios. Ambos os gêneros podem ajudar a si mesmos desenvolvendo bons hábitos de networking, ou seja, investindo tempo de qualidade em conexões mais profundas com as redes das quais já participam, em vez de correr de um lado a outro para conhecer mais gente nova. Isso pode ser realizado de um modo muito maleável e trará ótimos resultados.

Quem está administrando a casa?

Eventos de networking acontecem todos os dias da semana e em horários muito diferentes — desde o início da manhã e a hora do almoço, até à noite. Encontrar a maneira exata de fazer que tudo se encaixe pode ser um tanto desafiador. Um artigo intitulado "Battle of the Sexes", do site MySalary.com, mostra como homens e mulheres dividem o tempo entre as responsabilidades da vida. O dado estatístico é da American Time Use Survey, cortesia do Bureau of Labor Statistics.

1. Trabalhadores em período integral: homens, em média 8,2 horas diárias, o que é levemente mais longo que o das mulheres, média de 7,8 horas.
2. Tarefas domésticas: em um dia comum, 20% dos homens faziam tarefas domésticas como limpar ou lavar roupas, em comparação com 52% das mulheres.
3. Refeições: 37% dos homens preparavam comida ou faziam limpeza, em comparação com 64% das mulheres. Se isso indicar que os

homens estavam outrora ocupados durante a faxina com a parte de comer dessa equação, alguém realmente ficaria surpreso?

4. Cuidar de crianças: em uma semana típica, as mulheres gastaram 1,2 horas em cuidados com os filhos, como dar banho ou alimentar, enquanto os homens passaram 23 minutos. Nos fins de semana, as mulheres dedicaram cerca de uma hora de cuidados às crianças, e os homens, cerca de meia hora.

Uma pesquisa recente do U.S. Census Bureau registrou cerca de 13,7 milhões de pais solteiros nos Estados Unidos. 84% eram mães, e os 16% restantes, pais. Não há dúvidas de que este grupo exigirá mais flexibilidade de horários e habilidades de administração de tempo para permitir que tenham tempo para dedicar ao networking.

Eu consigo ouvir as moças pensando lá fora: "Tudo bem, agora me conte algo que eu já não saiba!".

As pesquisas dizem: Segurança

Uma área na qual devemos esperar encontrar diferenças entre os sexos é a segurança pessoal. De fato, essa questão revelou uma das diferenças mais dramáticas nas visões de homens e mulheres.

Perguntou-se aos participantes se eles se sentiam inseguros em participar de eventos de networking durante a noite. A Figura 4.2 mostra quais foram as respostas.

Afirmações para avaliar: Sinto-me inseguro em participar de eventos de networking que ocorrem à noite

	Mulheres	Homens	
1) Nunca	63,6% (3 509)	82,4% (4.524)	
2)	19,2% (1 507)	8,4% (461)	
3)	10,7%	5,8%	
4)	4,6% (255)	1,7% (94)	
5) Sempre	1,9% (103)	1,8% (97)	
Estimativa média	1,62 (5 516)	1,32 (5 492)	1,47 (11 008)

FIGURA 4.2: Segurança, por gênero.

Esse resultado parece indicar uma grande diferença entre os sexos na extremidade "nunca" da escala. Menor número considerável de homens (mais de 82%) afirmando que nunca se sentiram inseguros por participarem de eventos noturnos. Menos de 64% das mulheres apresentaram a mesma resposta. No outro extremo, embora tenha pontuado menos de 7%, um número quase duas vezes superior de mulheres, em relação aos homens, afirmou que "sempre" ou "de vez em quando" se sentiam inseguras em eventos noturnos (as duas últimas categorias combinadas). Apesar de tais números refletirem o que era esperado, são um pouco surpreendentes à luz das preferências quase idênticas expressadas por homens e mulheres sobre reuniões noturnas.

Ele diz: Falta de segurança em eventos de networking

Os comentários apresentados abaixo revelam ainda outro obstáculo à segurança do networking. Motivos contrapostos e as barreiras da comunicação entre os gêneros criam problemas quanto à segurança. E desta vez realmente estamos falando de SEXO!

> *Sinto-me intimidada pelos homens em eventos de networking. E eu também não quero que pensem que estou me aproximando deles por motivos inadequados.*

> *Talvez a coisa mais difícil sobre o networking, do ponto de vista de uma mulher, é que em muitos casos os homens presumem que as mulheres que falam com eles estão interessadas em ir para a cama com eles!*

> *Como mulher, acredito que há uma tênue linha quando se trata de fazer networking com alguns homens. Eles geralmente pensam que você está interessada neles, em vez do contato profissional. Você tem que equilibrar cuidadosamente os níveis de abertura e amizade com um elevado nível de conhecimento e profissionalismo para convencê-los de que você é capaz.*

> *O único problema que encontro quando faço networking com homens é ouvir insinuações. Isso aconteceu comigo em mais ocasiões do que gostaria de lembrar. O comportamento aparentemente descontrolado de alguns afetou o modo como abordo homens quando estou fazendo networking. Homens, por favor, lembrem-se de que somos seres inteligentes. Não nos degradem e não degradem a si mesmos transformando o networking em algo sexual. Vocês perderão a venda todas as vezes!*

> *Ao participar de eventos de networking em que o contato é mais casual, às vezes sinto vibrações "assustadoras" vindas de alguns homens. Tenho a sensação de que estão ali para algo mais do que estabelecer networking.*

Esses são apenas alguns dos muitos comentários, mas realmente preciso continuar? É difícil acreditar, mas esse tipo de comentário foi o mais comum que recebemos. Rapazes, isso é mesmo necessário? Vocês estão tão desesperados assim? Estou falando de construir uma reputação. Se é assim que vocês estão agindo, certamente estão criando fama. Acreditem em mim, isso não está ajudando, e duvido que seja o tipo de reputação que desejam. Esse é o motivo pelo qual as mulheres assustam-se ao ir a eventos noturnos de networking. Sequer consigo dizer o quanto isso é constrangedor para mim, sendo homem. Não consigo pensar em um exemplo melhor de exceção tornando-se percepção. Dói em todos nós.

Tenho certeza de que você consegue adivinhar que pouquíssimos homens se sentem desconfortáveis ao participar de eventos de networking, não importa em qual período do dia. A parte engraçada é que as mulheres que afirmaram se sentir inseguras tinham medo dos próprios homens nos eventos de networking, e não dos que poderiam estar à espreita no estacionamento. Elas temem o comportamento antiprofissional e impróprio; temem ser cantadas, abordadas, que falem com elas ou as toquem de uma forma que sugira ou afirme que eles querem mais do que amizade. Mais uma vez, a todas as mulheres por aí, em nome dos homens de todos os lugares, peço desculpas.

Homens, vocês estão brincando comigo? Quer dizer, francamente! Vocês percebem que estão agindo como garotos de um bando? Deixem-me remetê-los novamente ao Princípio VCR®. Vocês acham que isso constrói sua credibilidade? Eventos de negócios são para negócios, não para conquistar garotas. Tudo bem, sei que nem todos fazem isso, mas lembrem-se de que a exceção cria a percepção.

Ela diz: Somos vulneráveis

Há diversas coisas que podem fazer uma mulher se sentir pouco à vontade no networking à noite, em especial se for ao evento sozinha. Desde problemas no carro e assaltos, até quaisquer outros que podem colocá-las em risco, as mulheres sentem-se mais vulneráveis quando estão sozinhas fora de casa, à noite. Esses medos são reais ou apenas um exagero em relação ao desconhecido? O noticiário noturno e os programas sensacionalistas da televisão compõem esse temor pelo uso repetitivo do tema de mulheres sendo mortas, dentro de todo tipo de temas intercalados, quando estão sozinhas e, em geral, à noite. Se uma mulher é assaltada ou raptada na região, todas as outras sentirão aquele medo e serão lembradas do quanto são vulneráveis.

Os homens acreditam que podem tomar conta de si mesmos, e andar por uma rua mal iluminada até um evento de networking raramente é um problema para eles. Ora, eles matavam dinossauros com paus e pedras, disputavam batalhas com facas e espadas. Por que se preocupariam com arrepios à espreita?

O comportamento muda em eventos noturnos de networking em que a atitude é mais descontraída e livre, diferente do tom mais inteligente e "careta" das reuniões que ocorrem em cafés da manhã ou almoços. Homens e mulheres, de modo semelhante, ficam mais relaxados tomando alguns drinks. Alguns bebem mais do que deveriam e ficam um pouco relaxados demais. Quando consomem bebida alcoólica em excesso, as pessoas dizem e fazem coisas totalmente impróprias, desde comentários de mau gosto até toques inadequados. Aqui estão alguns exemplos de bebedeira e negócios se tornarem malvistos aos olhos dos participantes da pesquisa:

> *Em muitas reuniões noturnas de networking, há coquetéis, e quase sempre uma pessoa — em geral um homem — exagera um pouco na bebida. Quando isso ocorre, o networking se transforma em flerte. Vi esse flerte passar descaradamente para cantadas baixas. Imagine que isso seja intimidador ou irritante para algumas mu-*

lheres. Em mais de uma ocasião, fiquei constrangida perante tal comportamento no círculo de conversa em que isso ocorreu.

Quando iniciei meu negócio, filiei-me à câmara de comércio de minha cidade. Mulher jovem, solteira e ingênua, com frequência vi-me em situações desconfortáveis com homens.

Tinha o costume de estabelecer networking com muitos homens em happy hours e jantares. No entanto, em 60% do tempo tive a impressão de que estavam prestes a me cantar ou levar a um nível não profissional.

Um dos maiores problemas relacionados à confrontação do flerte é que muitas mulheres simplesmente não sabem o que fazer e acabam apenas se afastando, pois não querem causar problemas. Às vezes, chegam a se convencer de que só interpretaram aquele péssimo comportamento de maneira equivocada. Nunca deixo de ficar perplexa com o que acontece em eventos de networking em que há álcool barato ou grátis sendo servido.

Alguns sujeitos anseiam por esses eventos porque têm a intenção de seduzir mulheres? Com certeza, ouvi isso mais de uma vez. Aí vão alguns comentários extraídos de nossa pesquisa que podem fazê-lo refletir:

Sendo uma mulher jovem, encontrei o cenário do networking dominado por homens de certa idade que adoram uma bebida. Esse ambiente torna difícil eu ser levada a sério. Geralmente não há nada de errado com isso, mas, com frequência, alguns homens fazem investidas sexuais impróprias, comentários e até oferecem oportunidades de negócios fantasiosas, só para estender nossas conversas.

Já estive em situações de networking que resultaram em gracejos desconfortáveis de outros participantes do sexo masculino em nosso círculo de conversa. Eles sabem que sou casada e tenho um filho! O que significa aquilo?

Vamos lá, rapazes, eventos de networking não são lugares de encontros. Se vocês quiserem escolher mulheres, filiem-se a uma rede de namoro. Se vocês estão em um evento de networking, mantenham-no respeitosamente profissional. Façam um favor a si mesmos demonstrando interesse e respeito verdadeiros. Se a mulher com quem estão conversando é interessante além do âmbito profissional, vocês podem conhecê-la com o passar do tempo, mas fabricar agendas de negócios falsas e dar em cima dela apenas acabará com sua credibilidade e criará um boca a boca negativo. Além disso, fica a percepção de que os homens seduzem as mulheres o tempo inteiro — outra exceção que cria a percepção.

A seguir, mais alguns relatos sobre essa experiência:

> *Sendo uma mulher de negócios ingênua, desperdicei muito tempo conversando com homens que* FINGIAM *estar seriamente interessados em meu negócio e em desenvolver uma relação profissional. Eles demonstravam seu verdadeiro interesse (sexo) no final do evento ou em um almoço agendado. Demorei muito tempo para aprender a separar os profissionais sérios dos homens que estão à caça.*

> *Percebi que os homens tendem a flertar mais, em especial se a mulher é jovem, atraente e — odeio dizer isto — loira. Essa é minha constatação. Também notei que os homens dão mais atenção às mulheres com base em sua "falta" de vestuário social.*

Moças, quando um homem as tratar de modo inadequado em um evento de negócios, falem logo e deixem-no saber que o que ele disse não foi apropriado nem aceitável. Você não precisa berrar; pode ser profissional e, ao mesmo tempo, deixar claro que não tolera nem espera tal comportamento dele ou de outros. Ficar em silêncio e se afastar permite que esse tipo de homem faça outras vítimas e, na verdade, deixa uma ideia de que você está de acordo com as investidas.

Toda vez que não conseguir se expressar, a consequência será mais comportamentos errados com os quais as mulheres terão de lidar no futuro. Se transmitirmos a mensagem coletivamente de que isso não é aceitável, o comportamento então deve desaparecer com o passar do tempo, pois esses homens acabarão parando de obter suas recompensas.

CAPÍTULO

5

Percepções alternadas, preferências diferentes

As pesquisas dizem: Preferências por diferentes tipos de eventos de networking

Descobrimos mais evidências de diferentes preferências entre os sexos quando perguntamos às pessoas de qual tipo de evento de networking elas gostavam. Em geral, mulheres são mais flexíveis quanto a networking do que homens, mais propensos a especificar eventos estruturados ou desestruturados. Além disso, os homens expressaram uma preferência maior do que as mulheres por eventos estruturados (por exemplo, grupos de indicações).

As diferenças cerebrais entre os gêneros podem ajudar a explicar o que parece ser uma abordagem mais holística do networking realizado pelas mulheres *versus* uma abordagem mais restrita e estruturada de muitos homens. Várias participantes da pesquisa reclamaram do que elas consideram uma maneira grosseira com que alguns homens realizam networking, do tipo "O que eu ganho com isso?". As observações desta participante refletem uma faceta de tal discrepância:

> *Em meu networking, descobri que as mulheres têm mais habilidade em perguntar o que eu faço e do que preciso, assim como falar sobre o que elas fazem e do que precisam. Alguns homens parecem ter pouca habilidade em desenvolver conhecimentos e conexões verdadeiras fora de seu próprio campo de trabalho.*

Outros comentários de participantes, contudo, sugeriram que a combinação dos estilos masculino e feminino resulta em uma experiência de networking mais equilibrada e satisfatória. Esta participante admite as diferenças, mas vê benefícios no trabalho conjunto de homens e mulheres para enriquecer o processo e valorizar o networking:

> *Embora haja tantas diferenças entre os estilos de networking de homens e mulheres, descobri em meus seis anos de negócios que a mistura e o complemento de cada estilo são o que torna os eventos de networking um sucesso.*

Além de observar o efeito de equilíbrio na mistura dos estilos de networking de ambos os gêneros, algumas de nossas participantes, na verdade, precisam disso — como mencionado nesta observação sobre um grupo desequilibrado por ser exclusivamente feminino:

> *Após participar de um novo grupo de networking de mulheres, senti-me vazia, improdutiva e como se meu tempo tivesse sido roubado. Como mulher proprietária de um serviço de saúde destinado a mulheres, esperava obter perspectivas sobre experiências de outras mulheres. No entanto, deparei-me com uma reunião tola, emocional e territorial em que uma mulher compartilhava seu desafio mais recente e as demais lhe diziam como teriam feito em seu lugar, e não como ela poderia ter aprendido com a experiência. Acredito de verdade que, embora homens e mulheres tenham preferências e tendências quando se trata de networking e negócios, é o complemento e a sinergia entre ambos que faz empreendedores e negócios progredirem.*

Será que a presença do sexo oposto pressiona para que ambos os sexos tenham comportamentos mais formais ou, ao menos, melhores? Existe isso de sentir-se tão confortável em reuniões em que todos são iguais? O comentário a seguir parece quase inspirado por grupos mistos:

> *Acredito que os grupos de networking mais saudáveis possuem uma proporção relativamente igual de homens e mulheres. Há uma determinada riqueza de experiências quan-*

do existe uma boa mistura dos dois gêneros, o que não existe quando há apenas um deles na sala. Cada gênero traz trunfos e perspectivas diferentes à tona e, ao alavancar as habilidades e características tanto de homens quanto de mulheres, o sucesso da equipe pode ser levado a novos patamares.

Sendo mulher, visitei ocasionalmente organizações de networking femininas e descobri que, em vez de serem positivos e produtivos, os grupos desviavam-se para críticas ao sexo masculino. Escolhi não fazer parte desse tipo de cultura. Também visitei organizações em que os membros eram, principalmente, homens. Descobri um "clube de veteranos" com o qual era muito difícil me conectar pelo fato de eu ser mulher. Prefiro os grupos de networking com um equilíbrio de homens e mulheres que se respeitam e se veem como iguais, quando se trata de negócios — é isso o que pretendo encontrar no BNI.

De qual tipo de eventos de networking você prefere participar?

	Reuniões de networking estruturadas	Reuniões de networking desestruturadas	Sem preferência, eu gosto de todos	Total de respostas
Mulheres	48,6% (2 886)	44,5% (365)	**53,1% (2 162)**	49,9% (95 413)
Homens	**51,4% (3 058)**	**55,5% (455)**	47% (1 913)	**50,1% (5 426)**
Pergunta respondida	5 944	820	4 074	**10 838**
Pergunta pulada				2

FIGURA 5.1: Preferência por tipo de evento de networking, por gênero.

É interessante que homens tenham expressado preferência por eventos estruturados e pelos não estruturados. Quão linear você é? Se homens gostam de ambos os tipos de eventos, mas expressam isso dizendo que preferem ambos igualmente, em que isso difere de as mulheres preferirem nenhum e gostarem de todos? Se você não tem preferência e gosta de todos, isso não significa o mesmo que gostar de ambos? Homens e mulheres não têm problemas com os dois tipos de eventos, mas o modo pelo qual cada um se expressa é digno de nota. Será que a maior flexibilidade das mulheres reflete a hipótese atual de que elas pensam naturalmente com ambos os lados do cérebro, usando o direito ("criativo") e o esquerdo ("lógico") juntos, enquanto os homens favorecem um lado? Esta participante parece acreditar que a combinação feminina é uma boa fórmula:

> *Eu realmente acredito que os atributos do cérebro das mulheres nos permitem compreender instantaneamente relações e as necessidades essenciais de indicações possíveis que homens podem não ver. É meu forte: conectar pessoas com pessoas. Atribuo meus muitos prêmios de indicações mensais em minha divisão da BNI a meu cérebro feminino e sua habilidade em cultivar indicações para os outros.*

Ele diz...

Essas estatísticas realizam um bom trabalho ao mostrar parte das diferenças entre homens e mulheres em negócios e na vida, em geral. Os homens afirmaram preferir eventos de networking estruturados ou não estruturados. As mulheres, na verdade, não se importam. Elas gostam de todos.

Como profissionais focados em resultados, nós, homens, gostamos tanto de reuniões de networking estruturadas quanto de não estruturadas (como as câmaras mistas), mas precisamos que o estilo de reunião seja definido antes de chegarmos lá, para podermos nos preparar. Queremos organizar uma estratégia ou plano de ataque, e planejar os tipos de recompensas que podem ocorrer na reunião. Se soubermos antes, podemos preparar nosso arsenal de ferramentas para marcar gols, capturar a presa ou, em geral, apenas levar o prêmio para casa. Estou muito impressionado com a flexibilidade e a habilidade de meu gênero para seguir o fluxo e estar aberto a eventos estruturados e não estruturados. Acredito que diz muito sobre nossa competência de erguer-se em qualquer ocasião que se apresentar.

Esta descoberta é compatível com o foco masculino em nossas funções de provedores. Ambos os tipos de eventos de networking têm seu valor; eles apenas precisam ser atacados de maneiras diferentes. Os homens possuem uma variedade de estratégias para usar em cenários diferentes, e as duas estratégias distintas que empregamos nesses eventos em particular concentram-se em produzir os mesmos resultados.

O estilo de evento estruturado é muito atraente, pois é previsível. Pelo fato de eu saber o que está por vir, permite-me colocar em prática um sistema — o que me mantém focado no resultado final. Estrutura significa propósito. Saber que o programa do evento é estável permite que eu meça, analise, adapte e modifique minha implementação de estratégia no decorrer do tempo. Pelo fato de nós, homens, tendermos a ser mais orientados à transação e mensurar nosso sucesso pela quantidade de negócios que fechamos, gostamos de estrutura porque esta dá apoio a nossa intenção constante de planejar e fazer exatamente o que está planejado.

Eventos não estruturados também são muito valiosos porque deixam muito de minha agenda à minha escolha. Por exemplo, em um evento da câmara do comércio, às vezes decido passar meu tempo com pessoas que conheço bem para construir relações mais profundas com elas, mas, em outras ocasiões, vejo necessidade de me movimentar e conhecer gente nova e desenvolver novos relacionamentos. Ou posso decidir não fazer nada e apenas andar e ver o que acontece. É uma oportunidade para ser visto, ouvido e conhecido da maneira que minha criatividade ditar.

Isso significa que, desde que os homens estejam preparados com uma estratégia que os ajude a atingir seu objetivo geral, eles ficarão à vontade com qualquer tipo de evento de networking em que estiverem. Homens querem eventos que tenham um objetivo e que não desperdicem o tempo deles. Dê aos homens uma reunião bem organizada e eles estarão lá sempre que puderem, pois estarão confiantes em relação a obter resultados.

Ela diz...

A autora de *No Matter What,* Lisa Nichols faz uma boa observação: "Acredito que os homens estejam interessados nos resultados, e as mulheres, tanto na jornada quanto nos resultados".

Se você já fez uma viagem de automóvel (mesmo um pequeno percurso) com um homem, vivenciou o significado da palavra "dirigido". Antes de você sequer entrar no carro, ele mapeou a rota mais eficiente até o destino, contou o número de vezes que precisará parar para abastecer e calculou o tempo de chegada. Então, ele colocou a esposa (ou namorada) no carro e os dois partiram. Esse cenário comum demonstra de fato como as mulheres amam a jornada e os homens adoram a realização de chegar ao destino:

"Amor, nós temos que pegar a interestadual? Se tivermos, perdemos tanto das belezas do campo! Vamos pegar algumas dessas estradas do interior. Olha, que lojinha bonita! Vamos parar e pegar algumas lembrancinhas. Ah, veja aquele parque agradável! Vamos parar e fazer um piquenique."

Você também verá que este amor pela jornada reflete-se no modo como as mulheres estabelecem networking e administram seus negócios. Queremos ir devagar, construir a relação e apreciar o processo ao longo do caminho. Tanto homens como mulheres estão na mesma estrada, tendo o mesmo destino final, mas a tendência feminina de parar e cheirar as rosas pelo caminho pode ser em parte responsável pelo motivo de vivermos mais tempo.

Tipo de networking

As mulheres aprenderam desde a tenra idade a serem flexíveis, o que corresponde diretamente à concordância tanto com eventos estruturados como desestruturados, sem preferência por nenhum. Por causa de nossas inúmeras responsabilidades e por necessidade, desenvolvemos a habilidade de mudar rápido a velocidade. Podemos ter planejado um dia perfeito e prazeroso, mas de repente nos encontramos no meio do caos, tentando fazer malabarismos. As mulheres são colaboradoras adaptáveis, fluidas e flexíveis, além de multifuncionais. Será que importa mesmo para nós qual é o tipo de evento de networking? Contanto que possamos descobrir como ajustá-lo a nossas vidas já frenéticas, estaremos felizes em participar, pois sabemos que temos o poder de criar algo bom a partir dele.

Não deveríamos nos surpreender pelo fato de os homens estarem escolhendo decisivamente um dos eventos, mesmo quando ambos são bons e eles estão, na verdade, apenas escolhendo os dois. Muito melhor escolher ambos do que dizer que qualquer um está bom. Os homens consideram a flexibilidade uma fraqueza? Ter uma opinião é, sem dúvida, o oposto de ficar em cima do muro. Peça opinião a ele sobre algo e terá quase sempre uma resposta ou outra.

Pelo fato de as mulheres serem mais fluidas e flexíveis, quando se trata de escolher nossas atividades de networking, estamos perfeitamente em casa, em ambos. Enfatizo a meus clientes a importância de ser ativo em vários tipos de redes como um modo de diversificação. Se eu sou apenas membro de uma rede estruturada e nunca participo de nenhum outro tipo de networking, terei menos parceiros de negócios. Também aconselho meus clientes a tomarem cuidado com a quantidade de organizações das quais participam, pois eventualmente haverá um ponto de retorno reduzido assim que seu tempo e atenção estiverem tão dispersos.

Quando aprendi a estabelecer networking, filiei-me a todas as organizações que pude. Eu era associada de uma divisão da BNI, seis câmaras de comércio diferentes, o Rotary Club da minha cidade, um clube privado e também fui a todas as apresentações comerciais da cidade, com a esperança de fazer ainda mais conexões. Não demorou muito para eu ganhar o apelido de "A Rainha do Networking", mas o que aprendi de fato com tudo isso é que eu não estava mais obtendo resultados de nenhuma de minhas atividades. Estava só ampliando o networking, em vez de aprofundá-lo.

Seja você fã de eventos estruturados ou não, isso realmente não importa. O que interessa mesmo é como você desenvolveu completamente suas relações em cada organização à qual se conectou. Você está fazendo mais do que apenas aparecer? Assumiu um papel de liderança em alguma delas? Qual é seu investimento, além de dinheiro? O bom networking leva tempo. Pergunte a si mesmo quanto tempo investiu e onde gostaria de investi-lo.

As mulheres classificaram grupos de networking focados em mulheres, como NAWBO, E-Woman, ABWA e outros, como seus lugares preferidos de networking. Há muitas razões pelas quais elas preferem pertencer a grupos de networking femininos.

Elas querem estabelecer networking para mais do que negócios. Desejam apoiar e compartilhar experiências com outras mulheres de negócios.

Aquelas que trabalham em casa querem ser capazes de socializar e se conectar com outras mulheres.

Muitas mulheres intimidam-se com homens.

Mulheres buscam mais mentoras e conselheiras com quem se sintam mais à vontade do que mentores do sexo masculino.

Muitas mulheres sentem, com razão, que homens não acreditam que elas levam seus negócios a sério.

Mulheres desejam estabelecer relações com outras mulheres.

Mulheres querem poder falar sobre inúmeros assuntos que não se sentiriam à vontade para discutir, caso houvesse homens ao redor.

Estes são apenas alguns dos motivos para as mulheres buscarem grupos de networking exclusivamente femininos, como descrito por nossas participantes do estudo:

> *No início de minha carreira, fiz parte de um clube de mulheres executivas. Enquanto era membro, fui demitida de um emprego muito bom. Fui à reunião do grupo com o rabo entre as pernas, levantei e me apresentei, como sempre fazíamos, e contei a elas sobre meu dia. Ao final do encontro, aquelas mulheres tinham três reuniões agendadas para novos empregos! Foi maravilhoso.*

> *Mulheres gostam e ganham confiança ao realizar networking com outras mulheres. Algumas – em especial as jovens – ainda se intimidam com homens em grupos de networking mistos. Alguns homens ainda questionam por que iniciamos um grupo para mulheres e por que eles não podem ter um para homens. Eles esquecem daqueles grupos de "veteranos" que estão na ativa há muito tempo.*
>
> *Sou da diretoria do Professional Women's Council, uma divisão da câmara em que, a cada duas semanas, cerca de 90 mulheres se encontram e fazem networking. Há definitivamente algo a ser dito sobre a energia daquela sala! As mulheres que se dedicam ao conselho e participam com frequência demonstram tanto amor e compaixão por todos os membros! Isso facilita muito fechar negócios.*
>
> *Meu networking de mulheres empreendedoras parece uma verdadeira rede de apoio.*

Enquanto há muitas mulheres que amam fazer networking com grupos femininos, há também um número grande que não gosta. Aqui estão alguns de seus comentários:

> *Considero eventos exclusivamente femininos muito pobres, não é o que considero verdadeiramente "networking". Se você não conseguir se comunicar com o sexo oposto, talvez deva reconsiderar sua adequação aos negócios.*
>
> *Como mulher, prefiro participar de uma reunião de networking que tenha, no máximo, 50% de mulheres.*

Há aquelas que amam neve e montanhas e as que preferem praias ensolaradas. Há também as que gostam de ambas. É apenas uma preferência pessoal. Não é certo nem errado, desde que as pessoas compreendam as expectativas dos grupos dos quais participam. Se o objetivo é apoio, certifique-se de que compreenda isso quando se filiar.

As melhores indicações vêm de pessoas com quem você estabelece relacionamentos. Para as mulheres, a parte do relacionamento vem de modo natural. Apenas lembre-se de que você realmente tem que conversar sobre indicações com sua rede, caso espere obtê-las.

Puxa, parece haver alguma confusão por aqui! Os homens aparentemente esquecem que tiveram grupos exclusivamente masculinos durante muito tempo. A Rotary International foi masculina desde sua fundação, em 1905, e votou pela não admissão de mulheres em sua rede muito prestigiada até o final dos anos 1980. Ao contrário dos grupos exclusivamente femininos de hoje, em que homens são convidados a participar, poucos o fazem de fato, apesar de todos serem bem-vindos. Veja os comentários que participantes fizeram sobre grupos de networking femininos:

> *Alguns grupos femininos são, em geral, contra homens, e eu não concordo totalmente com isso. Acho que é sempre legal interagir com pessoas de ambos os sexos.*

> *Acho extremamente ofensivo quando uma mulher me conta que pertence a um grupo de networking apenas para mulheres. Isso exclui 50% da população que trabalha.*

> *Desde que comecei a fazer networking, deparei-me com muitos grupos femininos. Acho um tanto ofensivo excluir homens desses grupos. Se eles fizessem isso, as mulheres criariam caso. Acho que mulheres e homens devem trabalhar juntos para o sucesso mútuo. Não vivemos mais nos anos 1950; precisamos viver aqui e agora.*

> *Sinto que há grupos demais de networking para mulheres. Tenho certeza de que as mulheres fariam objeções se houvesse grupos apenas de homens. Eu prefiro os grupos mistos.*

Homens, vocês são sempre bem-vindos, se é isso que desejam mesmo fazer. Vocês podem colher ótimos benefícios dessa associação.

O que aconteceu com um joalheiro chamado Edward é um bom exemplo de como isso funciona. Ele era bom em tomar notas sobre preferências pessoais e datas, especialmente quando eram sobre mulheres que visitavam sua loja. Ele decidiu unir-se a um grupo feminino, receber as mulheres em sua loja, servir como oficial da organização e doar tempo e dinheiro. Pense a respeito: quem compra joias? Mulheres? Errado. O mais frequente é os homens comprarem presentes para suas mulheres, como alianças de casamento, presentes de aniversário e assim por diante. Edward enviava anotações, telefonava e mandava e-mails aos homens importantes para as mulheres de sua rede (sobre quais eram as preferências delas). Ele não somente foi bem-sucedido ao estabelecer networking com as moças, como também adorou.

A seguir, outro exemplo de como isso ajudou um homem adepto do networking:

> *Sou um dos únicos quatro homens em um grupo de negócios de cerca de cem mulheres. Descobri que, pelo fato de haver apenas alguns homens em nosso grupo, quando falo, os demais prestam mais atenção ao que eu digo. Mas isso funciona apenas se eu mantiver mínimos meus comentários e pensamentos. Se eu começar a dominar a conversa, o tom ou a atitude podem mudar muito depressa.*

Ser membro de um grupo de negócios feminino pode ser muito eficaz, porém apenas se você estiver disposto a assumir uma abordagem não dominante e à vontade em deixar as mulheres controlarem o ambiente por completo, como expressado a seguir:

> *Eu adoro ser o único cara em eventos de networking femininos, como aqueles do E-women. Elas tendem a ser muito receptivas e curiosas sobre o motivo de eu estar lá, e me dão crédito pela coragem. As mulheres tendem a ser melhores clientes do que os homens.*

Os homens que estão realizando networking com mulheres precisam se lembrar de que, para elas, tudo é relacionamento. Quando você ingressa em um grupo feminino, tem que se lembrar de que está no mundo delas. Não pense que não conseguimos ver o homem que está tentando apenas vender para nós. Observe quais grandes erros esses falastrões cometem:

> *Eu pertencia a um grupo de negócios feminino. Um agente de seguros participava dele. Ele nos garantira, diversas vezes, que seus melhores clientes eram mulheres, pois ele as compreendia muito*

bem. Viramos os olhos na primeira repetição e, na sexta ou sétima, não estávamos mais ouvindo. Colocar-se como um especialista da minoria de outros não é um bom networking.

Eu fazia parte de uma organização feminina. Havia mais de 50 mulheres que vinham mensalmente para desenvolver relacionamentos. Em certo momento, um homem decidiu que queria se juntar à organização para vender seguros de saúde a todas as mulheres. Pouquíssimas adquiririam o serviço, e ele logo deixou o grupo. Elas sentiram que ele estava ali só para vender seu serviço e então avançar para o grupo seguinte. Ele não esperou para se tornar, de fato, parte do grupo ao voluntariar-se para a direção, dando feedback aos membros ou constituindo relacionamentos que logo se transformariam em fontes de indicações em um longo prazo. Ele, de fato, poderia ter construído seus negócios através desse grupo de mulheres. Em vez disso, foi muito restrito e apenas pensou no quanto poderia se beneficiar sendo membro de um grupo feminino.

Rapazes, sejam honestos consigo mesmos sobre os grupos a que vocês estão considerando se associar. Não vão até eles despreparados para estabelecer compromissos.

Sejam seus grupos masculinos, femininos ou mistos, nenhum funcionará caso você não aprenda as habilidades adequadas. Podemos ser conexões bem-sucedidas, independentemente da organização a que escolhermos nos associar, se o fizermos do modo correto, sem atalhos.

As pesquisas dizem: Aspectos importantes para a indicação

Para as mulheres, o fator mais importante ao indicar negócios aos outros era a competência de uma pessoa; para os homens, o caráter (veja Figura 5.2, página 170). Embora a competência de uma pessoa seja mais importante para mulheres do que para homens, quão bem-sucedida aquela pessoa era tinha um peso maior para os homens.

Não está claro como homens e mulheres distinguiram esses dois fatores intimamente ligados, exceto, quem sabe, pelo fato de os homens acharem que a competência de uma pessoa seja medida pelo grau de sucesso alcançado, e supondo que homens e mulheres essencialmente estivessem falando sobre a mesma coisa.

Embora por um fator menor (menos de 20%), as mulheres foram muito mais propensas a utilizar o produto ou serviço de uma pessoa antes de fazer a indicação.

> *Você não pode julgar um livro pela capa, mas pode julgar a firmeza de caráter e o potencial para desenvolver negócios através de um aperto de mão.*
>
> *Quando iniciei nos negócios, lembro-me de ser aconselhado a assegurar aos meus contatos que eu estivesse para valer no negócio começando com um aperto de mão firme no primeiro encontro. Ouvi diversas vezes de homens de negócios que eu tinha um aperto de mão bom e forte, e que isso lhes dizia que eu queria fazer negócios — não como a maioria das mulheres com quem se encontraram.*
>
> *Talvez, quando você reflete sobre aquela afirmação, ela tivesse mais de um significado.*
>
> *Um aperto de mão firme indica um indivíduo de bom-senso, que vai direto ao ponto, que avança com os negócios; e devo dizer que, na maioria dos casos, isso é verdade.*
>
> *As apresentações menos bem-sucedidas que tive foi com indivíduos com aperto de mão fraco.*
>
> *De minha experiência, não há dúvidas de que aqueles com quem fiz conexões sólidas de negócios eram donos de apertos de mão firmes. Talvez o inconsciente assuma o controle. É estranho, mas é verdade.*

Ter acesso ao caráter, competência e sucesso de uma pessoa, entre outros atributos, é geralmente uma tarefa um tanto subjetiva, é claro. Para algumas pessoas, como a participante anterior, algo tão simples como um aperto de mão revela tudo que importa saber.

O que é mais importante para você ao indicar negócios aos outros?

	Qual é seu gênero?		
	Feminino	**Masculino**	**Total de respostas**
Conhecer o caráter da pessoa	38,8% (2 154)	**42.8% (2 371)**	**40,8% (4 525)**
Conhecer o nível de competência da pessoa	**39,6% (2 201)**	40,8% (2. 264)	40,2% (4 465)
Conhecer o sucesso da pessoa	2,2% (124)	3,5% (192)	2,8% (316)
Utilizar, eu mesmo, seu produto ou serviço primeiro	19,4% (1 077)	13% (718)	16,2% (1 795)
Pergunta respondida	5 555	5 544	**11 099**
Pergunta pulada			1 323

FIGURA 5.2: Aspectos importantes para a indicação, por gênero.

Em um contexto de rede de negócios, essas avaliações são uma maneira de assegurar a credibilidade, assim como proteger a reputação da pessoa X quando ele ou ela está indicando a pessoa Y à pessoa Z. É justo dizer que homens e mulheres desejam ser capazes de acreditar que todas as indicações oferecidas produzem um lucro positivo aos envolvidos.

Por ironia, a competência é definida de modo diferente, a depender da percepção. Alguns indivíduos julgam os níveis de competência estritamente pelos negócios ou desempenho no trabalho. Outros também sentem que a habilidade de realizar networking seja um termômetro para profissionais em geral ou até para a competência pessoal. O que uma pessoa considera competência outra pode entender como caráter. A citação a seguir é interessante:

> *Alguns homens erram ao flertar para realizar networking. As mulheres não precisam se sentir bem através de uma pessoa do sexo oposto, para que desejem fazer negócios. A maioria das mulheres baseia seu julgamento na firmeza de caráter da pessoa em seu nível de competência.*

Ele diz...

Isso é interessante. Perguntamos quais características eram mais importantes para as pessoas decidirem indicar ou não alguém. As quatro categorias respondidas foram: caráter, competência, nível de sucesso percebido e experimentar o produto antes da indicação. Os homens obtiveram a pontuação mais alta em todas as quatro categorias, exceto experimentar o produto ou serviço antes. Faz pensar...

Por que isso ocorre? Acredito que o bom e velho clube dos veteranos ou a mentalidade do mundo dos negócios exclusivamente masculino responde por isso. Há uma lei não escrita de que nós, homens, confiamos uns nos outros até encontrarmos um motivo para não fazê-lo. Presumo que você seja profissional e honesto. Enquanto estou conhecendo você, descubro seu caráter, competência e nível de sucesso.

Se, durante nosso período de cortejo, eu me sentir à vontade com essas três características, não preciso experimentar seu produto ou serviço. Porém, se eu sentir que você não é quem aparenta ser (mau caráter), ou não parece informado sobre seu produto ou serviço como eu imaginava que seria (competência), ou então não possui o nível de sucesso que eu procuro, não experimentarei seu produto ou serviço de forma alguma, pois a venda já foi perdida.

Isso retoma a ideia de que todo cenário de networking é uma audição. Homens, não esqueçam que o julgamento nos negócios é cumulativo. Uma má atitude pode arruinar a relação durante muito tempo — ou até para sempre. Precisamos nos lembrar de que estamos provando a nós mesmos que somos os melhores todas as vezes em que nos comunicamos com os outros.

Ela diz...

Conhecer o nível de competência de uma pessoa era a característica mais importante para obter indicações de mulheres. Além disso, mais mulheres do que homens sentem que precisam experimentar um produto ou serviço antes da dar indicações.

Nenhum de meus coautores do sexo masculino compreende por que as mulheres sentem essa necessidade antes de fazer uma indicação. Expliquei que com o passar do tempo as mulheres foram passadas para trás por vendedores, mecânicos, comerciantes e assim por diante, principalmente porque desconheciam as qualificações para escolher profissionais para o serviço.

Isso é o que o escritor John Gray, Ph.D., teve que dizer em uma entrevista com dr. Misner:

> *Ela não apoiará algo só porque alguém disse que deveria. Ela o fará por sua própria experiência com isso. Ela deseja que isso seja pessoal, que venha de dentro. Por natureza, as mulheres querem muitas provas antes que possam abraçar algo.*

É muito mais fácil para as mulheres escolherem um profissional para consertar um carro com base em referências pessoais, o que é quase tão bom quanto experimentar o produto. A maioria delas não entende os pormenores técnicos de um motor como a maioria dos homens. Portanto, é mais fácil que ela seja enganada em uma oficina mecânica, por desconhecer o jargão detector de mentiras.

Mulheres são muito boas em compartilhar informações positivas e negativas sobre suas experiências com produtos e serviços, e sentem-se felizes por fazê-lo para ajudar umas às outras. A maioria das empresas sabe que se você deseja criar um bom boca a boca entre as mulheres, deve fazê-las experimentar seus produtos e serviços. Se elas gostarem, vão falar sobre você com alegria. Se estiverem infelizes, vão espalhar a informação tão rapidamente quanto.

No livro *She Means Business*, Grant Schneider fala sobre o poder do boca a boca feminino:

> *Vendedores, gerentes, anunciantes e até possíveis namorados, tomem cuidado! Todo o conhecimento e experiência do mundo não compensarão uma falta de interesse pela satisfação geral de suas clientes. Vocês podem ser capazes de enganar uma mulher uma vez, mas nunca terão a chance de fazê-lo duas vezes. No entanto, ganhem sua confiança e terão uma cliente, empregada ou parceira para a vida toda.*

Antes da era das redes sociais, das indicações online e dos sites de avaliações de clientes, quando uma mulher necessitava encontrar um médico ou dentista, bastava descobrir quem seus amigos e associados estavam consultando e o que tinham a dizer sobre aquela pessoa.

Pouco mudou hoje. As mulheres ainda relatam suas experiências com produtos e serviços a outras mulheres. Elas valorizam as indicações de outras, tanto que até as passam em segunda mão, transmitindo uma experiência ruim que aconteceu a um amigo, como esta:

> *Tive que contratar alguém para vir à minha casa e dar uma boa limpada após um trabalho de reforma e conserto. Comecei a perguntar às amigas se elas conheciam um serviço que limpasse bem a casa com produtos sustentáveis. Muitas delas me contaram histórias de seus amigos e familiares, em vez de retransmitirem experiências que elas tiveram, na verdade.*

A mensagem aqui é que é mais importante ter, de fato, uma boa indicação à mão, com 100% de aprovação das pessoas, do que uma referência própria para dar. Se não tenho uma indicação pessoal para dar, ao menos ainda quero direcionar um amigo a um serviço excelente, portanto, não importa qual seja a recomendação, a mais forte cria a lenda e nós a passamos adiante.

Uma situação complicada apresenta-se com redes de amigos e associados. Eles confiam uns nos outros e contam com essa confiança, geralmente pedindo recomendações. Porém, se não estou certo de sua competência, é provável que eu não os indique, sendo amigos ou não. Se decidir indicá-los, acrescentarei a advertência de que não os testei pessoalmente e não são indicações tão fortes.

Os homens classificaram o caráter de uma pessoa como a qualidade mais importante ao decidirem fazer ou não uma indicação. Eu não concordo, pois conheço pessoas com ótimo caráter e de quem gosto muito, mas nunca os indicaria porque não são competentes no que fazem. Essas são duas coisas muito diferentes, excludentes entre si, e um não é indicador de confiança do outro. A última coisa que uma mulher deseja fazer é indicar alguém que não trabalha bem. Trata-se da opinião dela. Pelo fato de nós, mulheres, misturarmos tanto negócios e prazer, é óbvio que levamos todos os nossos relacionamentos de forma muito pessoal. Os homens apenas dirão "Ah, são apenas negócios", pois compartimentam suas relações, mas as mulheres considerarão a falha de uma indicação como uma falha pessoal.

Para a maioria das mulheres, não se trata de "apenas negócios", e o homem que pensa poder tratar uma mulher dessa forma ou descartar a falha como sendo apenas negócios, coloca a relação inteira em risco. Como afirmado antes neste livro, as mulheres falam para relatar, para estabelecer relações antes do negócio, mas com o passar do tempo os homens dirão "Ei, são apenas negócios".

Quando indico alguém e essa referência se sai mal, sinto-me pessoalmente responsável. Não haverá uma segunda chance, e eu me empenharei para dar certo com a pessoa que foi indicada. É pessoal, e não "apenas negócios".

As pesquisas dizem: Níveis de conforto em relação ao networking

Durante os muitos anos em que administrei uma empresa de networking, ouvi comentários de pessoas afirmando que homens são *networkers* naturais por causa de suas experiências pessoais, ou que mulheres são mais naturais porque são melhores comunicadoras. Essas foram apenas algumas opiniões sobre por que homens ou mulheres sentem-se mais à vontade em realizar networking. A verdade, baseada nos resultados da pesquisa, parecer ser que tanto homens como mulheres estão igualmente confortáveis. Quando combinamos "um tanto à vontade", "muito à vontade" e "ama fazer networking", mulheres e homens atingiram quase a mesma pontuação, em um total de 94,1% e 94,4%, respectivamente.

Quais destas afirmações descrevem melhor o networking para você?

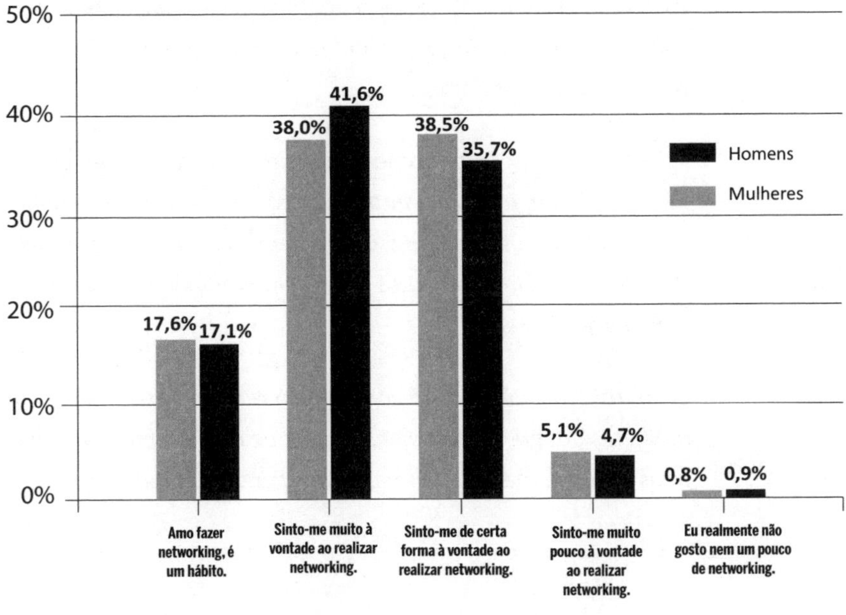

FIGURA 5.3: Níveis de conforto em relação ao networking.

Vejam a resposta de um dos participantes da pesquisa:

> *Grande parte de minha vida nos negócios gira em torno de minha habilidade em estabelecer networking, de modo tranquilo, com homens e mulheres. Ser capaz de deixar alguém à vontade, estabelecendo linhas de comunicação abertas e prosseguindo de um modo conveniente criaram as melhores parcerias para indicações. Ser capaz de dar e receber nessas relações é o melhor de todos os mundos possíveis. As mulheres às vezes pensam que é mais difícil lidar com homens, mas é importante lembrar que ambas as partes do networking apenas desejam fazer um bom trabalho e ser reconhecidas por isso.*
>
> *Acredito que os homens se sintam mais à vontade para fazer networking comigo. Os homens e as mulheres que conheci sentem-se igualmente felizes por realizar networking com homens e mulheres de negócios.*
>
> *Eu realmente me sinto mais à vontade realizando networking com o sexo oposto. Sinto que mulheres trabalhando com mulheres são mais competitivas.*
>
> *Talvez por eu ser extremamente confiante, acredito que os homens se sintam muito à vontade ao realizar networking comigo. E, sem dúvida, os homens e as mulheres que conheci por meio da BNI são igualmente felizes por fazer networking com homens e mulheres de negócios.*
>
> *Em geral, sinto-me mais à vontade em realizar networking com mulheres do que com homens. Acho que consigo me relacionar mais rápido e melhor com mulheres do que com homens.*

Uma porcentagem muito pequena de pessoas afirmou que se sente pouco à vontade ou que não gosta de networking. Porém, apesar do número pequeno, é um grupo razoavelmente expressivo. Tanto homens como mulheres falaram sobre seu desconforto ao realizar networking, como mostrado nas citações a seguir:

> *Minha impressão física sobre as pessoas é, em geral, intimidadora, especialmente quando se trata de mulheres. Sou jovem, não muito atraente e tenho um corpo de jogador de futebol americano. Em geral, se me aproximo de uma mulher que aparenta ser encabulada ou parece intimidada, tento socializar com outra pessoa — mulher, de preferência — que esteja familiarizada comigo. Permito que ela faça a apresentação. Uma vez iniciada a conversa, em geral não demora muito para alguém se sentir à vontade comigo.*

> *Quando iniciei meu negócio, filiei-me à câmara de comércio local. Jovem, mulher, solteira e ingênua, frequentemente me encontrava em situações constrangedoras com homens. O que era apresentado como um convite para jantar com o objetivo de aprender mais sobre os negócios do outro acabava se transformando, com frequência, em mais do que uma reunião social, com a insinuação esperançosa de um "encontro". Era ofensivo e frustrante. Na verdade, comecei a evitar reuniões de negócios com homens, visto que nunca tinha certeza de suas intenções quando solicitavam uma reunião. Logo depois, associei-me à BNI e constitui relações profissionais sólidas com os homens e as mulheres de lá. Isso me proporcionou conhecimento e confiança para controlar melhor o ambiente de minhas reuniões de negócios, assim nunca houve qualquer dúvida sobre o propósito da reunião.*

Quais destas afirmações descrevem melhor o networking para você?

	Qual é o seu gênero?		
	Feminino	**Masculino**	**Total de respostas**
Eu amo fazer networking; é um hábito	17,6% (983)	17,1% (952)	17,3% (1.935)
Sinto-me muito confortável realizando networking	38% (2 122)	**41,6% (2 318)**	**39,8% (4 440)**
De certa forma, sinto-me confortável realizando networking	**38,5% (2.149)**	35, 7% (1.990)	37,1% (4.139)
Sinto-me pouco confortável realizando networking	5,1% (285)	4,7% (262)	4,9% (547)
Não gosto nem um pouco de networking	0,8% (46)	0,9% (48)	0,8% (94)
Pergunta respondida	5 584	5 569	**11 153**
Pergunta pulada			1 269

FIGURA 5.4: Atitude em relação ao networking.

Considero incômodos os contatos individuais com o sexo oposto. Ser vista em público por pessoas que podem não saber que se trata apenas de negócios é uma preocupação com a qual tento lidar acrescentando outras pessoas à reunião. Três ou quatro pessoas dispersam o problema. Meu tempo para obter informações nesse ambiente está comprometido, mas é melhor do que uma reputação manchada.

Comecei a explorar, recentemente, minhas ações subconscientes em relação a networking. Meu marido sente-se incomodado por eu estabelecer networking com homens. À medida que conseguí mais clientes e indicações do sexo masculino, acredito que inconsientemente ganhei peso. Isso serviu para eu não ser mais atraente a eles. Por um lado, isso faz que meu marido fique mais tranquilo; já por outro, sinto falta de minhas curvas sensuais.

Networking pouco à vontade com o sexo oposto

Queríamos saber quão desconfortáveis os participantes da pesquisa se sentiam quando realizavam networking com pessoas do sexo oposto. Imaginávamos existir uma diferença entre homens e mulheres nessa questão. O interessante é que não houve qualquer discrepância.

Ao avaliar os dados e discutir com meus coautores, começamos a nos questionar se a impressão que alguém tem de uma pessoa é diferente das impressões deixadas nos outros quando se trata de networking com o sexo oposto. Por conseguinte, lideramos uma pesquisa muito menor, secundária, na qual perguntamos às pessoas como elas imaginavam que os demais se sentiam em relação ao networking com o sexo oposto. Como os resultados foram diferentes!

Afirmação para avaliar: Sinto-me pouco à vontade realizando networking (por gênero)

	Mulheres	Homens
Nunca ou quase nunca	87,4% (4 843)	88,8% (4 898)
Às vezes	7,4% (410)	5,2% (288)
Sempre ou na maior parte do tempo	5,2% (287)	5,9% (327)
Total	**5 540**	**5 513**

FIGURA 5.5: Sentir-se à vontade em relação ao networking, por gênero.

Afirmação para avaliar: Você acredita que as pessoas se sentem pouco à vontade com o sexo oposto?

	Mulheres	Homens
Nunca ou quase nunca	47,8% (4 843)	47,7% (4 898)
Às vezes	31,5% (410)	32,2% (288)
Sempre ou na maior parte do tempo	20,7% (287)	20,2% (327)
Total	**257**	**258**

FIGURA 5.6: Percepção do sentir-se à vontade dos outros em relação ao networking (por gênero).

Embora a pesquisa secundária contasse com bem menos pessoas, os resultados foram dramaticamente diferentes. Totalmente diferentes. Ao confrontarem-se os dois conjuntos de dados (Figura 5.5 em comparação com a Figura 5.6), descobrimos que as pessoas eram quatro vezes mais propensas a imaginar que os outros sempre ou quase sempre se sentiam pouco à vontade com o sexo oposto, em comparação com seus próprios níveis de desenvoltura. Todas as pessoas sentiram-se à vontade com isso, mas não pensaram o mesmo em relação aos outros.

Isso claramente indica que nossas crenças pessoais sobre nossa *persona*, do ponto de vista do networking, o modo como transparecemos *versus* nossa verdadeira imagem projetada ou nossas práticas não batem. Vemos a nós mesmos de modo diferente de como os outros nos veem.

Podemos nos esforçar para estabelecer e criar uma imagem pública que pareça um reflexo de nossa personalidade e ética, e imaginamos que outros naturalmente nos veem através das mesmas lentes. Podemos pensar que somos vistos em eventos de networking com base em uma ideia de nossas habilidades comunicativas, como transparecemos visualmente e em geral somos aceitos pelas pessoas. Porém, como os outros nos enxergam é geralmente muito diferente da imagem e mensagem pretendidas por nós.

Conclui-se que a maioria das pessoas que participou de nossa pesquisa acreditava se sentir mais à vontade realizando networking do que quaisquer outras, o que sustenta a ideia de que o sexo oposto, na arena do networking, tem uma perspectiva sobre nós diferente da nossa própria.

Ele diz...

De acordo com os dados, vemos que mais de 32% dos participantes sentem-se incomodados em realizar networking com o sexo oposto. Por que cada pessoa da pesquisa se autoclassifica como mais à vontade do que qualquer outra? Nem os números nem as ideias sobre nós mesmos, tampouco a percepção do desconforto dos outros são concludentes.

Minha teoria sobre essa desconexão é que os homens não são tão bons em networking com o sexo oposto quanto acreditam. Muitos de nós pensamos que estamos indo bem, mas, na verdade, estamos pisando em vários calos femininos. Quando vemos outro homem fazendo isso, pensamos: "Estou feliz por não fazer isso, e eu sou melhor em networking do que ele".

Os homens ficaram muito à vontade. Fazemos isso há tanto tempo que não pensamos que nossa versada experiência necessita de algum progresso. Estamos enganados sobre isso e fazemos parte daqueles 30% que não estão à vontade. Essa percepção está nos olhos de quem vê. Se insistirmos em nossa abordagem transacional do networking, apenas focada em acordos, falharemos ao construir relações. A longo prazo, isso significa que sempre teremos que matar o que desejamos comer. Isso, rapazes, é muito trabalho. Sejamos inteligentes como as mulheres e cultivemos nossa próxima refeição!

Os homens podem acreditar que fazem um excelente networking pois estão fechando negócios, mas possivelmente estão deixando uma fila de pessoas incomodadas pelo caminho, porque parecem não se importar com elas. As mulheres são programadas para cuidar dos outros e constituir relações verdadeiras, enquanto nós não. Temos que trabalhar nisso. Quando saímos, é com o propósito de trazer algo para casa. Essa é uma ótima maneira de permanecer focado, mas nossa falta de visão pode nos ferir a longo prazo. É claro que os outros não nos veem muito à vontade. Lembrem-se de que, certa ou errada, a percepção deles é sua realidade.

Nossa confiança e conforto precisam ser consideradas de modo crítico e cauteloso. Apenas porque você está à vontade não significa que os outros estejam assim com você. E o que as outras pessoas pensam tem importância? No jogo do networking, em que tudo diz respeito a construir e desenvolver nossa reputação, importa muito. Deixe-me repetir aqui, caso você tenha esquecido: minha percepção sobre você é minha realidade a seu respeito!

A única forma de melhorar é se autoavaliar, analisar e criticar continuamente. Busque posicionamentos, pistas visuais e como as pessoas estão sendo receptivas ao seu redor. Reuniões de networking são um local perfeito para fazer isso. Precisamos ter certeza de que nosso nível de desenvoltura seja compatível com o dos outros ao redor. Talvez seus níveis já sejam compatíveis. Mas – só para reforçar – talvez não.

Ela diz...

Quando pesquisados, 94% dos homens e das mulheres afirmaram que se sentiam à vontade com networking, mas minha experiência de trabalho conta uma história diferente. Comparecer a eventos e reuniões me permite ajudar outros em minha rede. Faço perguntas e ouço, enquanto eles me contam seus esforços e necessidades, de modo que consigo apontar a eles a direção correta para as pessoas certas em minha rede.

É quando deixo de lado minhas próprias necessidades e piso sala adentro com a intenção de ajudar outros que o networking de repente se torna muito mais tranquilo. Sinto-me muito bem-sucedida quando consigo dar indicações para membros de minha rede. O networking vai além do evento; você também tem de estar à vontade em conversas individuais com pessoas em seu networking pós-reunião.

A maioria das mulheres cuida por natureza. Quando essa abordagem de cuidado é aplicada em nossas atividades de networking, ela permite um nível de desenvoltura que não existe quando estamos sendo tão agressivos, pedindo a outros que apenas comprem, comprem, comprem de nós. Quando planejo participar de um evento, escrevo numa ficha o que estou tentando alcançar ali. Também posso listar ideias de uma possível conexão para alguém em minha rede, uma indicação de um parceiro ou o objetivo de encontrar uma pessoa que eu adoraria conhecer melhor e adicionar à minha rede.

Quando realizados esses objetivos em cada evento, não apenas me sinto à vontade, mas também me sinto bem-sucedida. Quanto mais usamos sistemas como esse, mais prática obtemos em reuniões e mais à vontade nos sentimos. O sucesso vem logo em seguida, como uma recompensa natural. Você não se sentirá desenvolto se não praticar. Saia do escritório e vá conhecer alguém novo hoje.

Incômodos do networking para os gêneros

A palavra "networking" invoca uma sensação muito comercial e costuma ser confundida com venda. Quando pergunto a uma mulher se ela se sente à vontade com networking, ela em geral responde algo do tipo "eu posso fazer, mas não é o que mais gosto de fazer. É tão mercadológico!". Creio que a questão principal está relacionada à palavra "networking". A maioria das pessoas pensa nisso como a ação de ir a algum lugar para conhecer gente em uma sala cheia, apertar mãos, fazer abordagens de venda em 1 minuto e entregar cartões de visita.

Isso é uma parte do networking; existem muitos outros elementos a serem levados em consideração Encontrar-se com alguém em um café para saber mais sobre o outro é fazer networking. Encontrar-se com um grupo pequeno e organizado de homens de negócios com o objetivo de ajudarem-se é networking. Servir em um conselho e voluntariar-se em um grupo são networking, assim como bater papo com pessoas na fila do supermercado ou na reunião da associação de pais e mestres.

Para aquelas pessoas que afirmam não se sentirem à vontade ou não gostarem de networking, dar outra olhada na definição do que realmente é networking pode ser de grande ajuda. Em geral, mulheres fazem networking de modo natural, até que a roda dos negócios as sugam, fazendo-as se sentir incomodadas.

Sentir-se à vontade com o networking exige aprender mais a respeito, praticar com mais frequência e mudar nossas visões. Quando aplicamos a abordagem "Givers Gain" (ganhar contribuindo), ficaremos plenamente à vontade. Sempre nos sentimos mais desenvoltos quando estamos ajudando aos outros do que quando ajudamos a nós mesmos. É da natureza da mulher ajudar.

Como você enxerga os outros?

Fiquei perdida com os resultados de nossos dados quando os li pela primeira vez. Não conseguia acreditar que tanta gente afirmava nunca ou quase nunca se sentirem à vontade realizando networking; porém, quando perguntamos se eles acreditavam se uma pessoa mediana se sentia à vontade realizando networking com o sexo oposto, de repente tudo mudou. Vimos que eles sentiam que todo o resto, menos eles, estava incomodado.

Enxergamos a nós mesmos de modo muito diferente do qual vemos os outros. Essa é a natureza humana. Sempre nos enxergamos diferentes, pouco importa o quanto somos parecidos. Eu me vejo como alguém totalmente à vontade ao realizar networking com ambos os sexos. No entanto, não acredito que as pessoas ao meu redor estejam de fato tranquilas com isso. Por quê? Estaremos nos enganando? Então é óbvio que você se enxerga como uma pessoa totalmente à vontade, mas você não me vê realizando networking com o sexo oposto da mesma forma.

Vejam que curioso: será realmente importante saber quão desenvoltos imaginamos estar, se não estamos dando resultados? A desenvoltura apenas significa que posso sair por aí e conhecer pessoas, e não que sei gerar acordos a partir desses relacionamentos. Como mulher, sinto-me plenamente à vontade em estabelecer relações. Não sei se elas sempre são adequadas a meus objetivos ou se estou tendo a conversa certa com as pessoas corretas no momento ideal, mas sinto-me à vontade em constituir relacionamentos.

Se eu me vejo desenvolta mas os outros não me veem nem um pouco dessa forma, que mensagem estou expressando por aí? Que efeito isso tem sobre minha habilidade de estabelecer networking? Se obtiver resultados, devemos ser capazes de nos conectar uns aos outros. Se os demais me veem pouco à vontade, então devo estar fazendo algo errado ou expressando os sinais errados. É importante que eu tenha ciência de como os demais me percebem. Somos todos amigos, moças, então perguntem a dois amigos seus se eles acham que vocês se sentem à vontade em realizar networking. Se eles disserem que não, esse pode ser o momento de encontrar um treinador ou programa para ajudá-la.

CAPÍTULO

6

O que causa a inércia do networking masculino e feminino?

As pesquisas dizem: Virtudes reconhecidas

A Figura 6.1, na página 188, mostra que mais mulheres do que homens acreditam que suas habilidades em se conectar com outros e desenvolver relacionamentos de qualidade são fortes. As mulheres lideram ao identificar sua virtude em conhecer pessoas novas, embora apenas um pouco mais do que os homens. Os homens revelaram o reconhecimento de suas virtudes ao completar o ciclo do networking através da transferência de relações sociais em profissionais e, enfim, oportunidades de negócios.

Essas respostas refletem a tendência feminina de se concentrar e desenvolver as oportunidades sociais muito mais do que as transacionais em networking. Também demonstram a tendência masculina de pular mais rapidamente para conexões de networking que se convertem em transações, além de seu foco no follow-up.

Ele diz...

De modo interessante, tanto homens como mulheres classificaram o desenvolvimento de relações como sua maior virtude em networking. Mas será que isso faz com que enxerguem as relações em networking da mesma forma? Pense de novo!

O que você considera sua maior virtude no networking?

	Conectar-se com outras pessoas	Desenvolver relacionamentos de qualidade	Bom folow-up	Conhecer pessoas novas	Transformar relacionamentos em oportunidades de negócios	Total de respostas
Mulheres	**53,8% (1 604)**	**51,6% (2.035)**	46,5% (701)	50,3% (1 107)'	39,8% (565)	49,9% (6.012)
Homens	46,2% (1 376)	48,4% (1 908)	**53,5% (805)**	49,7% (1 094)	**60,2% (855)**	**50,1% (6 038)**
Pergunta respondida	2 980	3 943	1 506	2 201	1 420	**12 050**
Pergunta pulada						0

FIGURA 6.1: As maiores virtudes reconhecidas no networking.

Nós não definimos relações de networking da mesma forma. Observar que homens e mulheres apresentam motivadores diferentes para o desenvolvimento de relações de negócios é importante para a compreensão de cada grupo.

Ao longo do tempo, os homens foram orientados a se transformarem em solucionadores de problemas como caçadores e provedores. A habilidade de sobrevivência somada ao instinto pelo rápido e fácil, pelo eficiente e eficaz, permaneceu. Uma analogia perfeita para demonstrar como homens se movimentam em um ciclo de networking é a de aquisição de bens ou serviços. Há um problema inicial que precisa ser resolvido, que é, enfim, solucionado através da influência emocional do que esperamos alcançar com nossa aquisição.

Ela comenta...

Alguém que já tenha presenciado um sujeito rondando os corredores de uma loja de departamento viu essa teoria em ação. Façam pipoca e puxem uma cadeira, moças!

Ele responde...

O mesmo motivador emocional — criar uma posição de status — guia a aquisição e o networking. Nós, homens, sempre usamos todos os meios para alcançar a posição alfa dentro de nossa tribo. Uma das maneiras mais poderosas de fazer isso é construindo e exercitando relacionamentos. A formação e a manutenção de relacionamentos é a ferramenta mais poderosa que posso usar com o objetivo de criar um status para mim mesmo, tanto nos negócios como em minha vida pessoal.

Atrás de todo profissional de sucesso há uma história de trabalho em equipe e uma estrutura social que apoiou, consolidou ou ocasionou sua escalada até o topo. Pelo fato de estar constantemente ciente de como essas estruturas controlam meu sucesso, sempre utilizarei as "ferramentas" à disposição para atualizar e elevar minha posição de status masculina.

Há diversas maneiras possíveis de estabelecer relacionamentos que contribuirão para nosso sucesso.

Categorias estratégicas

- *Estratégia eficiente e simplificada.* Sempre estou avaliando o modo mais eficiente de operar dentro de meus relacionamentos primários, secundários e terciários, a fim de elevar meu status. Gostaria de realizar isso do modo mais rápido e fácil possível.
- *Desenvolvimento de relações.* Se eu levar meus relacionamentos atuais para um nível mais elevado, eles serão mais produtivos para meu sucesso.
- *O fator X dos relacionamentos.* Essas surpresas agradáveis são

os relacionamentos que ocorrem por acidente e se tornam confiáveis, com laços fortes que sustentam meu sucesso.

Uma vez identificadas essas estratégias como ferramentas para dominar a tribo, nós, homens, preparamos nosso plano de ação e partimos à caça.

Se não mantiver meus métodos de caça ajustados e eficientes à minha disposição, vagarei para sempre, só rodeando minha presa. Também estabeleço critérios para priorizar meu ataque, de modo que eu não desperdice energia em coisas que não me levarão ao progresso.

Critério de ataque

- Minha presa deve ser um relacionamento em uma de minhas categorias estratégicas.
- Ela deve estar disposta a apoiar meus objetivos.
- Ela possui as conexões de que preciso para elevar meu status.
- Ela tem as ferramentas ou acesso ao que necessito para resolver meus problemas atuais.

Após toda essa estratégia lógica, embrenho-me na selva em busca da presa. Meus instintos estão alinhados ao objetivo firme de levá-la para casa. Quando me dirijo à conhecida região de encontro da presa, vejo diversos bandos reunidos, camuflando seus membros de preferência — aqueles que serão de valia para mim.

Ela comenta...

Ei, Tarzan! Não se esqueça de trazer para casa um litro de leite de coco quando retornar.

Ele continua...

Minha perícia para a caça entra em ação quando classifico os tipos invejosos, impostores e improdutivos. Devo identificar e isolar os poderosos e relevantes para proporcionar a melhor carne para minha família e então mirar com força total naquilo que desejo. Não serei impedido ou dissuadido pelo desafio de encontrar as joias ocultas entre o restante. Sou um caçador, provedor e o mais forte da minha tribo.

Puxa! Com certeza, somos uma raça diferente. Acredite ou não, o que acabei de ilustrar representa muito bem a verdade sobre o pensamento masculino, mesmo que essa seja uma analogia humorística. Esse é realmente o modo como homens pensam quando estão realizando networking.

O que isso significa para vocês, mulheres?

Significa que se você deseja estabelecer uma relação produtiva com um homem, deve ter em mente de onde ele está vindo e quais são seus objetivos como provedor, protetor e caçador de seu domínio. Iniciem conversas com homens no modo transacional, mantendo a comunicação nos negócios. Isso dará início ao processo de criação de laços e permitirá que vocês façam a transação do modo caça para o modo relacionamento. Lembrem-se de que ele caça relacionamentos que valem a pena. Uma vez tendo enxergado seu valor, você conseguiu.

Qual o significado disso para nós, homens?

Significa que estamos sendo idiotas! As pessoas não são apenas transações ou recompensas para serem usadas em nosso proveito. Lembre que, enquanto estiver muito ocupado monopolizando o processo de networking com suas ideias sobre o que você pode obter daquela pessoa, cada negócio que fecha dessa forma custará cinco vezes mais seu valor.

Quando fizer networking com mulheres, você deve, primeiro, concentrar-se no relacionamento humano. Mantenha distância da fase de transação e apenas concentre-se no processo de desenvolver uma amizade profissional. Se não o fizer, você perderá vendas, apresentações benéficas e indicações que podem realmente afetar seu resultado final.

Se você deseja relacionamentos produtivos com homens e mulheres, eles devem ser mutuamente benéficos. A evolução nos ensinou que grupos que caçam, coletam e compartilham riqueza beneficiam-se mais de seu maior poder como grupo do que individualmente. Em alguns dias sua caça será improdutiva e em outros renderá lucros. Se compartilharmos, todos nós nos beneficiaremos.

Ela comenta...

Isso significa que agora posso usar o controle remoto?

Ela diz...

Destacamos muitas vezes que as mulheres são relacionais e acreditam que construir relacionamentos é primordial, enquanto negócios são secundários. Sabemos que os homens consideram primordiais as conexões de negócios e, afinal de contas, isso se chama networking, portanto não posso culpá-los por isso.

Pelo fato de nós, mulheres, já sermos muito boas em nos conectarmos socialmente, você pode entender por que gravitamos em direção às atividades relacionais de conhecer novas pessoas, desenvolver relacionamentos de qualidade e conectar uma pessoa a outra — algo que também se chama comparação seletiva. Somos comparadoras seletivas natas e fazemos isso desde o início dos tempos. Acredito que deve estar em nosso DNA. Não é uma surpresa muito grande o fato de nos destacarmos em atividades relacionadas.

Ele comenta...

Eu poderia ter obtido outra chance se não tivesse marcado outro encontro às escuras com uma de suas primas.

Ela continua...

Todas as pessoas com quem faço networking ouvem a mesma questão de mim: "O que posso fazer para ajudá-lo tanto em sua vida como em seus negócios?". A resposta das mulheres costuma ser que não conseguem pensar em nada, mas que vão me avisar assim que souberem. Os homens, por outro lado, dirão: "Indicar pessoas para meu negócio". Acho ambas as respostas engraçadas.

Nem homens nem mulheres sabem o que pedir de fato, pois desconhecem o que acontece nos bastidores, embora haja muitas coisas que eu possa oferecer para ajudá-los. Um homem que me pede para indicar possíveis clientes, apesar de nunca ter usado seu serviço, é audacioso, pois não tenho um relacionamento verdadeiro com ele, e essa pode ser a primeira vez que nos encontramos. Aplaudo sua coragem, mas apenas indico conexões que obtiveram uma posição com o passar do tempo, através de relacionamentos sólidos e ótimos serviços em minha lista de "fontes e parceiros de indicações confiáveis". Preciso acreditar na pessoa que indico e essa compreensão demora para se revelar.

É uma habilidade maravilhosa a capacidade de estabelecer contato e conectar-se com os outros, em um esforço para constituir relacionamentos sólidos, mas alavancar relacionamentos já firmados para os ganhos sempre sobressairá em relação ao investimento em novas pessoas.

Os potenciais femininos não se encontram apenas no estabelecimento de relações, mas também em conhecer pessoas novas e conectar-se a todos com o objetivo de colaboração, usando nossas maravilhosas habilidades de comparação seletiva. Desde os primórdios, as mulheres estiveram no centro da formação das estruturas sociais das comunidades. A vida de negócios dos tempos modernos nos descobre empregando aquelas mesmas habilidades naturais para criar um objetivo verdadeiro em nossos relacionamentos profissionais. Se conseguirmos aprender a acrescentar algumas das virtudes que os homens trazem em sua caixa de ferramentas, seremos invencíveis.

Ele comenta...

Puxa, eu gosto quando você fala assim!

As pesquisas dizem: Fraquezas dos gêneros

Quando se pediu que ambos os sexos classificassem seus aspectos mais fracos no processo de networking, as respostas refletiram os mesmos resultados de quando se solicitou que classificassem suas virtudes, no grupo de questões anterior. A Figura 6.2, na página 195, mostra que os homens se consideram mais fracos na continuidade da conversa depois de alguns minutos e ao se aproximarem de alguém pela primeira vez. As mulheres sentiram que suas maiores fraquezas estavam na capacidade de transformar relacionamentos em oportunidades de negócios, através de um sistema de acompanhamento e saber como encerrar uma conversa de modo polido. Nossos participantes desenvolveram esse tema aqui:

> *Estou muito cansado de fazer networking por fazer e não encontrar nada para fisgar. Todos falam, mas nada acontece.*

> *Em geral, acredito que os homens sejam mais "carudos" quando se trata de networking. As mulheres geralmente falam sobre tudo, menos negócios, quando nos encontramos pela primeira vez: falamos de filmes, restaurantes, família. Aí, depois, conversamos sobre negócios. Os homens vão ao objetivo da conversa rapidamente, e embora isso talvez torne a conversa mais curta, não necessariamente nutre tanta confiança ou solidez para a relação. Os homens a quem tendo a me conectar são tipos conversadores, amigáveis, pois sinto que os conheço melhor.*

> *Acho mais fácil conversar com o sexo oposto. Ter a capacidade de estabelecer uma relação pessoal torna mais fácil a construção de um relacionamento profissional. Quando se fala pela primeira vez com homens, é fácil haver uma relação profissional. Quando se conversa pela primeira vez com mulheres, elas preferem que nem tudo sejam negócios. Elas querem, primeiro, saber que tipo de pessoa você é e se têm algo em comum com você. Há um processo de aprovação silencioso pelo qual elas passam antes de conduzir um negócio com você.*

Qual você acha que é sua maior fraqueza no networking?

	Aproximar-se de alguém pela primeira vez	Continuar a conversa após alguns minutos	Saber como encerrar uma conversa agradavelmente	Ser incapaz de transformar relacionamentos em oportunidades de negócios	Usar um sistema de follow-up	Total de respostas
Mulheres	49,2% (1.344)	47,1% (429)	**50,4% (741)**	**50,5% (1 730)**	**50,4% (1 414)**	49,9% (5 658)
Homens	**50,8% (1 385)**	**52,9% (482)**	49,6% (728)	49,5% (1 699)	49,6% (1 389)	**50,1% (5 683)**
Pergunta respondida	2 729	911	1 469	3 429	2 803	**11 341**
Pergunta pulada						0

FIGURA 6.2: Fraquezas no networking.

Ele diz...

Homens e mulheres concordam que sua habilidade de transformar relacionamentos em negócios via networking é um grande problema. Embora concordemos, temos motivos diferentes para nossas similaridades. As mulheres são fracas em fechar negócios, pois não se interessam particularmente por isso. Os homens consideram-se fracos em fechar negócios por causa da grande expectativa que têm em si mesmos nessa área. Você vê um padrão aqui?

A pesquisa indica que os homens sentem-se à vontade fazendo networking, mas não compreendem a importância disso no plano maior de sucesso; ao contrário, sentem que sua incapacidade de transformar esses relacionamentos em negócios afeta seu nível de sucesso mais do que o networking.

Sabemos que os homens são transacionais por natureza e, por essa razão, compreendem o networking como um jogo de ganho zero, estejamos ou não ganhando dinheiro neste momento. Se o retorno no investimento de tempo e esforço não estiver aparente, a atividade não vale a pena.

Ela ri...

Tornem ESTE networking ato de fé, homens! Imaginem um monte de mulheres alvoroçando-se por causa de um bebê ou olhando um álbum de fotografias. Observe quão rápido qualquer homem nas adjacências desaparece como poeira.Você já viu algum homem se movimentar com tanta rapidez?

Ele continua...

Vocês nunca saberão. A maioria dos homens sente-se frustrada por causa de seus baixos números de relacionamentos convertidos em transações de negócios, não pelo fato de ser efetivamente uma fraqueza, mas porque eles determinam parâmetros para seus objetivos de maneira imprópria. A melhor forma de os homens alcançarem a satisfação nessa área é parar de pensar nos relacionamentos de networking como transações. Assim, não veremos nossa falha como uma fraqueza, pois ela não será, de fato, uma falha.

Homens, coloquem esta frase importante na memória: vocês nunca sabem. Nunca sequer saberão quem será o próximo a lhe fornecer uma indicação, quando ela acontecerá ou quem você encontrará e qual função acabará por desempenhar em sua vida. Você também nunca saberá como alguns favores ou gestos cordiais que realizará hoje manifestarão uma agitação no futuro. É impossível prever.

Se você acredita em toda aquela besteira ingênua de carma, do tipo "dê ao universo e ele devolverá a você", deixe-me compartilhar uma história real com você, para ilustrar meu importante raciocínio. Os nomes foram modificados por motivos óbvios.

Vamos nos livrar dela, ela não é tudo isso

Dois meses auxiliando na instalação de uma divisão da BNI em Scardale, Nova York, os membros do Comitê da Associação se encontraram para discutir o crescimento da divisão e o tipo de associados que desejavam ter no grupo.

Paul, um profissional de planejamento financeiro, disse: "Acho que devemos focar apenas em atrair donos de negócios cujas empresas tenham pelo menos dez funcionários".

Eu falei: "Não é bem assim. O conceito geral é existir diversidade de profissões, tamanhos variados de empresas, idades de negócios, idades profissionais etc. Seria basicamente como a diversidade que temos hoje com nossos 36 membros, mas em uma escala maior".

Paul argumentou com veemência que o que tínhamos no momento poderia ser melhorado se conseguíssemos "membros muito melhores aqui".

– Membros melhores? – perguntei, com uma sobrancelha erguida de cautela.

– Sim – ele respondeu. – Veja a Jacqueline, por exemplo – os pelos em minha nunca se eriçaram. Ele continuou: – Ela não tem um negócio e ela tem o que, 21 anos? Ela não conseguirá contribuir muito com a divisão. Precisamos de alguém que tenha um negócio sólido, ganhe muito dinheiro e tenha um grande potencial para networking – Paul concluiu, justificando-se orgulhosamente.

– Para mim, parece que você está mais concentrado no que poderia te beneficiar, e não no grupo. Ela é uma ótima pessoa, um membro muito bom e vamos mantê-la – anunciei, com firmeza.

Seis meses depois

Como presidente, durante uma reunião de networking, direcionei a atenção do grupo para a fase de indicações, e disse: "Por favor, levantem-se, digam seus nomes, para quem é sua indicação e a rápida história por trás dela".

Jacqueline levantou-se e começou a falar sobre o pai de sua melhor amiga, que faleceu quando ela estava no ensino médio, deixando sua amiga, Susan, o irmão e a mãe sozinhos. "Três meses depois, a mãe de Susan morreu de câncer e agora que Susan herdou as propriedades, ela não está certa do que fazer com todos os bens e perguntou se eu conhecia alguém qualificado para ajudá-la. Fiquei animada de poder ajudar com a indicação de Paul, pois ele é um sujeito ótimo, muito esperto e bom no que faz. Eu disse a Susan o quanto ele me ajudou a iniciar um plano de previdência". Jaqueline prosseguiu e contou a Paul que não estava apenas indicando Susan, mas que precisava de alguém para administrar sua herança de mais de 2,5 milhões de dólares, e ela necessitava de conselhos para cuidar dela e do irmão durante o processo.

15 minutos após a reunião

Notei que Paul e Jacqueline conversavam. Quando terminaram, aproximei-me e ouvi Paul encerrando com "Tudo bem, ótimo. Sem problema. Telefonarei e me encontrarei com ela imediatamente. Não se preocupe. Cuidarei dela, obrigado pela indicação".

Quando Jacqueline se afastou, não pude conter o desejo de tripudiar:

– Você tinha razão, Paul, deveríamos ter nos livrado dela seis meses atrás!

Ele balançou a cabeça de modo tímido, e disse:

– Ah, puxa vida. Me sinto um idiota.

Não pude deixar de ampliar a questão:

– Paul, você nunca sabe. Você simplesmente nunca sabe de onde a próxima indicação virá. Já recebeu uma indicação dessa importância de outra pessoa deste grupo?

– Nem perto – respondeu ele.

Questionei se ele alguma vez havia recebido uma indicação de 2,5 milhões de dólares de uma pessoa.

– Não, nunca – afirmou.

– Nunca julgue alguém com base no que você imagina que pode conseguir dele hoje. Os relacionamentos demoram a se desenrolar e estão baseados em construir sucesso a longo prazo. Você nunca saberá com o que as pessoas estão conectadas ou onde sua reputação o levará. Você simplesmente nunca sabe – disse, afastando-me.

Ela diz...

Pelo fato de nós, mulheres, considerarmos o estabelecimento de relações uma de nossas principais virtudes, o fato de julgamos nosso elo mais fraco a falta de habilidade para transformar relacionamentos em negócios não é nenhuma surpresa. Aí vai um comentário deixado por uma leitora em meu blog:

> *Sou proprietária de uma pequena empresa com potencial para enorme crescimento. Quem me conhece bem me descreve como alguém sociável, confiante, forte, boa com pessoas e que sabe o que quer e como consegui-lo. Sou apaixonada e intensa pelo que acredito e faço. Porém, estou encontrando muita dificuldade para pedir indicações ou ajuda de qualquer tipo daqueles que conheço há anos. Trabalhei com grupos de igreja no passado e tinha quase que implorar para os outros, e funcionava. Eu simplesmente não consigo pedir ajuda para mim mesma. Por que isso acontece?*

Ela fez essa pergunta porque é confuso o motivo pelo qual as mulheres não se sentem à vontade ao pedir coisas para si mesmas. Temos esse receio de que os outros pensarão mal de nós ou de que seremos um peso, ou consideradas fracas. Ficamos confusas em relação ao motivo de realizar networking. Não se trata apenas de estabelecer relações. Para expandir nossos negócios, temos de pedir o que precisamos. As pessoas simplesmente não perceberão do que precisamos num passe de mágica.

Fui convidada a falar para uma plateia de homens e mulheres sobre como eles poderiam conseguir mais de seus esforços em networking. Falei quase somente sobre gerar mais negócios através de eventos de networking. Quando terminei e comecei a circular no saguão, muitas pessoas se aproximaram de mim com comentários e perguntas. O interessante é que as mulheres sentiram que eu passei tempo demais enfatizando o networking com objetivo de negócios, enquanto elas acreditavam que a parte mais importante era conhecer pessoas e estabelecer relacionamentos de longo prazo com elas.

Uma mulher estava muito desapontada, julgando que eu comercializava relacionamentos. Perguntei-lhe como ela conseguia mais negócios. Ela disse que quando as pessoas a conhecem e ficam sabendo o que faz, escolhem seu serviço. Afirmou que não teve que vender seus amigos para conseguir acordos. De modo contrário, a maioria dos homens me agradeceu e queria saber ainda mais como alavancar seu tempo empregado em networking com o objetivo de criar negócios.

O fator que impede as mulheres de aperfeiçoar seu networking a fim de obter negócios é a etapa de pedir. O comentário de uma participante da pesquisa, apresentado a seguir, revela isso:

> *Como treinadora em vendas, percebi durante anos que os homens "pedem a venda" muito mais prontamente do que as mulheres, que precisam de mais treinamento nessa área.*

Um motivo pelo qual assumimos uma função muito passiva na geração de indicações através de nossos networkings é que somos muito protetoras com nossos clientes, preferindo nós mesmas cuidar deles a conectá-los com outros que podem não tratá-los tão bem.

Esse ponto mais fraco das mulheres, de não converter conexões em negócios, estende-se além das indicações imediatas. Também evitamos pedir indicações para nossas conexões ou auxiliar o crescimento de nossos negócios. Temos de acreditar em nosso próprio valor e saber que, quando solicitamos conexões, indicações e negócios, é porque somos merecedoras. Com muita frequência, as mulheres me contam que não sentem como se merecessem pedir ou não sabem o que cobrar. Muitas possuem uma opinião muito negativa de seu próprio valor – o que dificulta muito solicitar o que desejam.

Ele comenta...

Como é possível sermos criticados o tempo inteiro por não perguntarmos o caminho?

Ela responde...

Bom argumento!

Quando ensino "18 Maneiras de Motivar seus Relacionamentos de Referência" a meus clientes, no Referral Institute, tanto homens como mulheres ficam entusiasmados para empregar imediatamente as técnicas em suas redes.

Quando inicio a fase "15 Maneiras de Outras Pessoas o Ajudarem", os homens adotam as atividades, mas as mulheres dão todo o tipo de desculpa, do tipo "Eu nunca pedi para ninguém fazer coisas para mim dessa forma" ou "Seria muito constrangedor impor isso às pessoas". Tenho que lembrá-las de que apenas estariam pedindo ajuda de suas relações mais próximas, e não pedindo para alguém fazer algo que não gostariam. Também tenho que lembrá-las do quanto ficaram felizes ao iniciar o trabalho com as 18 coisas que lhes pedi para fazer a outras pessoas!

Embora mulheres compreendam o ciclo "dar antes de receber", existe uma resistência preocupante à fase de solicitações, pois, como uma participante disse: "Não quero que as pessoas pensem que estou dando apenas porque eles me darão algo". A fase de solicitações do ciclo é difícil de empregar. Ah, se fôssemos tão boas ao solicitar ajuda para nós como somos ajudando...

Ele comenta...

Por algum motivo, estou me lembrando de minha tia Harriet mantendo o emprego e criando sozinha seis filhos. O tempo todo em que pensei que ela fosse uma espécie de mulher maravilha autossuficiente, também poderia estar desesperadamente precisando de ajuda, mas não era boa em pedir.

Ela continua...

Um ótimo exemplo de alguém que não tem medo de abordar e pedir o que deseja é Kevin Eikenberry, membro de longa data da minha rede. Já conversávamos há algum tempo, então ele me contatou, rapidamente nos encontramos em um *chat* particular e começamos a fazer negócios. Ele queria que eu lesse, revisasse seu livro e postasse em meu blog, se eu gostasse e considerasse viável. Depois, perguntou se havia algo que pudesse fazer por mim. Em vez de responder com o velho "nada neste momento, mas eu o avisarei", pedi-lhe que fizesse exatamente o mesmo por mim quando meu livro fosse lançado. Ele me disse que ficaria mais do que feliz por me ajudar a promover a obra.

Kevin não encontrou problemas em pedir ajuda a sua rede para promover seu livro. Por outro lado, outro membro de minha rede também escreveu um livro e nunca pediu minha ajuda.

As mulheres sentem-se confusas com a definição de networking, em parte pelo fato de a fase inicial ser neutra e mais tarde poder render resultados pessoais e profissionais. Nós temos a tendência de obscurecer a linha entre nossos relacionamentos e atribuir maior importância à parte pessoal. Portanto, é natural que o networking geral se desvie para uma posição pessoal em nossas mentes.

A preferência por indicar negócios àqueles de quem gostamos e em quem confiamos é um fato, mas isso não significa que vamos contribuir para obscurecer a linha, uma vez que as relações de negócios estejam aumentando e se intensificando, comparecendo às reuniões familiares uns dos outros e a chás de bebê juntos. Não significa que precisamos definir essa diferença entre pessoal e profissional em nossos relacionamentos por meio de solicitações. Pedir leva o relacionamento a um nível que ele nunca chegará se esse passo não for dado. Moças, acelerem esse motor e comecem a pedir!

Outra oportunidade desperdiçada para pedir é este exemplo clássico de pensar demais na parte pessoal de uma relação. Brenda, minha cliente de treinamento, estava brava quando chegou, certa tarde. Ela se jogou em uma cadeira e ergueu as mãos em desespero, abrindo-se: "Eu não sei por que estou no ramo de camisetas! Simplesmente fecharei a loja e acabarei com isso!".

À medida que nossa conversa evoluiu, descobri que um de seus associados de networking havia arranjado uma grande encomenda com um dos concorrentes de Brenda. Ela estava magoada, desapontada e brava. Perguntei-lhe se já havia pedido negócios a Heather, uma associada. Ela ficou, primeiro, aturdida; depois, respondeu incrédula: "Por que eu pediria? Ela sabe que estou no negócio de camisetas! Se quisesse usar meus serviços, teria feito. Ela realmente não quis!".

Então ligamos para Heather para descobrir por que ela escolhera o concorrente de Brenda. A resposta não me surpreendeu. Heather apenas disse: "Brenda nunca me pediu para fazermos negócios. Ela sabe que estou no conselho administrativo de uma ONG e que fazemos esse evento anual para o qual eu precisava das camisetas. Apenas presumi que ela não queria fazer negócios com ONGs, pois nunca pediu para nos fornecer camisetas".

Ele comenta...

Se essa fosse minha conexão, a ONG teria vendido alguns chapéus para combinar também. Consegue ouvir o som da caixa registradora?

Ela continua...

Qual é a lição? Sempre peça! Até os contatos que conhecem seu negócio podem se confundir. Se você esperar que as pessoas leiam sua mente, suas vendas cairão drasticamente. Heather fez uma presunção com base na falta de informação, o que é muito comum. Pelo fato de Brenda não ter a clareza de pedir, ela perdeu a venda.

A ideia caótica por trás de fazer negócios com família e amigos não precisa ser tão complicada. Eu sempre ouço a frase "Não gosto de fazer negócios com família e amigos". Porém, eu me pergunto se essas pessoas estão esperando que eles se aproximem para fazer negócios. Se esse é o caso, sua própria família e amigos podem pensar que o negócio é indesejado, pois não foi pedido que eles o solicitassem, então eles mantêm as bocas fechadas e lá se vai o caos do pensamento anterior de que seus negócios também não são desejados.

Ele comenta...

Estou ficando tonto. Isso é como estar em um parque de diversões, exceto pela parte divertida.

Ela continua...

As mulheres me contam frequentemente que não se sentem à vontade comercializando seus relacionamentos. Se elas desenvolvem relacionamentos mais pessoais (como uma amizade) do que os homens, então a quem fica a tarefa de fechar negócios? Ninguém gosta de se sentir usado, mas esse é um cenário muito diferente da definição clara de nossos objetivos profissionais. Temos de ser capazes de nos definir como profissionais fazendo solicitações enquanto ainda mantemos as relações. Esses dois conceitos podem existir no mesmo universo. Pedir dá uma definição clara àqueles ao nosso redor e é, de fato, um dom que clareia o que desejamos. Se você não se incomoda em dizer às pessoas com quem estabelece networking quais são suas necessidades, você não conseguirá o que quer.

Imagine quão fortes seremos como proprietários de negócios quando combinarmos nossa generosidade para ajudar aos outros com o enorme nível de ajuda que obteremos assim que começarmos a pedir. Fazer solicitações abre uma porta para sermos maiores do que imaginamos.

As pesquisas dizem: Características mais importantes do networking

Tanto homens como mulheres deixaram impressões muito semelhantes do que eles consideravam os sete aspectos de um bom *networker*, como mostrado na Figura 6.3, na página 206. Ambos acreditam que “ajudar aos outros” é o aspecto ou característica mais importante de um bom *networker*. Esse é um dado diferente da pesquisa que realizei há mais de uma década, em que tal aspecto foi classificado em oitavo lugar no *Masters of Networking*. Acredito que isso se deva ao sistema de crença gradualmente mutável de que a melhor maneira de conseguir negócios é ajudar outras pessoas a consegui-los. Essa mudança de consciência em relação ao que faz um *networker* ser "bom" é uma alteração positiva, que permite uma melhor compreensão de como fazer o processo funcionar, de verdade e com mais eficiência, para profissionais dos negócios.

Ser confiável foi o segundo aspecto que melhor se classificou, identificado tanto por homens como por mulheres. A confiança é a base de um relacionamento de indicações e é crucial ao processo de networking. Não é surpresa vê-la em uma posição tão elevada nos resultados. Confiança é a moeda de um relacionamento de networking bem-sucedido.

"Trabalhar o networking de modo eficiente" foi uma das respostas mais escolhidas por ambos os gêneros. Por outro lado, as mulheres deram um pouco mais de importância ao follow-up, às boas habilidades de ouvir e à sinceridade. Essas prioridades podem ser ligadas ao pré-requisito feminino para o desenvolvimento de uma relação antes de fechar negócio. Em outras palavras, a preferência por aqueles aspectos dá apoio ao nível de conforto que as mulheres criam com "pessoas", em vez de "indicações de negócios".

De modo interessante, mais homens do que mulheres votaram que a atitude positiva é uma habilidade importante de *networking*. Enquanto nenhum gênero gosta de um resmungão crônico, os homens podem apresentar menos propensão a dedicar tempo aos aspectos emocionais. É possível que os homens apenas considerem *networkers* negativos como consumidores de energia, uma perda de tempo e improdutivos, sem mencionar o aspecto alerta de depressão.

Um de nossos participantes argumentou:

> *Generalizar homens e mulheres, em vez de distinguir tipos de personalidades, pode ser perigoso. Sinto-me tão à vontade em uma sala repleta de homens quanto em uma cheia de mulheres, a menos que eles comecem a falar sobre algo totalmen-*

te desinteressante para mim, como futebol. O mesmo nível de descompromisso acontece quando estou em uma sala cheia de mulheres e elas começam a conversar sobre bolsas, outro assunto que não me importa. Os networkers *mais bem-sucedidos apenas avaliam as pessoas como tendo uma necessidade e depois encontram a melhor maneira de ajudá-las.*

Qual é o traço ou característica mais importante de um bom *networker*?

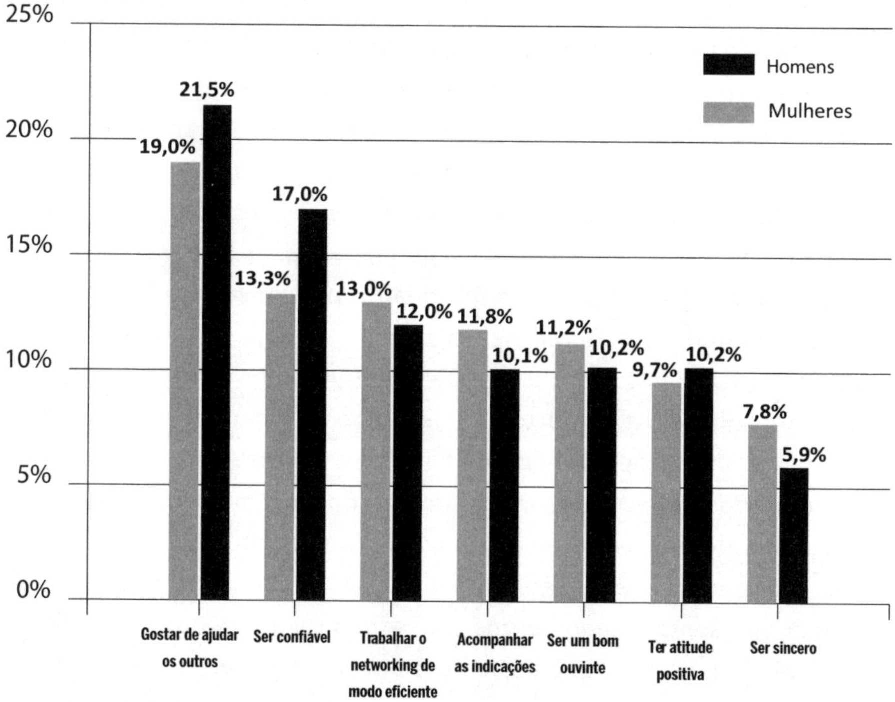

FIGURA 6.3: Traços ou características mais importantes de um bom *networker*.

Ele diz...

Esta é uma questão em que sinto que nós, homens, ganhamos. É a maneira como classificamos as características mais importantes de um *networker*, e estamos certos!

1. Ser digno de confiança
2. Gostar de ajudar os outros
3. Ter atitude positiva

Nós, homens, acreditamos que se alguém é um bom *networker*, deve ser, primeiro, digno de confiança; segundo, ser o tipo de pessoa que gosta de ajudar os outros; e terceiro, ter atitude positiva. Isso surpreende alguém?

Se eu não confio em você, serei agradável, mas não o considerarei parte de minha rede. Se alguém faz parte de minha rede, significa que estou disposto a trabalhar com essa pessoa, indicá-la e recomendá-la a outros. Nem todos serão "os melhores" no que fazem. Além do fato de que "melhor" é um termo subjetivo, realmente sem sentido. O que estou procurando é alguém em quem confiar. Preciso conseguir confiar nas pessoas com meu negócio, amigos, família, clientes e associados.

Preciso saber que, quando apresentar essa pessoa a meu círculo íntimo de associados, ele ou ela cumprirá a promessa. Se eles não tratarem bem os meus, não somente estarão ferindo suas reputações comigo e minha rede, mas também a minha própria. Isso não é permitido!

Quero me cercar de pessoas que saibam trabalhar em equipe, que compreendam que, a fim de atingir o sucesso na vida, você deve primeiro ajudar os outros a fazer o mesmo. Se alguém não gosta de ajudar, simplesmente não entra. Eles não me conquistam. Porém, quando vejo alguém que vai além e coloca a necessidade dos outros à frente de suas próprias, essa é a pessoa com quem quero me relacionar. Esse é um *networker* valioso, não apenas para mim, mas para todos com quem me relaciono. Acredito na ajuda aos outros e desejo me cercar de pessoas que sintam o mesmo.

Atitude positiva? É claro! Quem gosta de andar com pessoas negativas? Todos nós temos algo positivo e negativo. A vida oferece todos os tipos de desafios diariamente. Às vezes, a única maneira de superá-los é com uma atitude positiva e um sistema de apoio ao seu redor, com parceiros que pensam de modo semelhante.

Negócios demandam muitas horas e muito trabalho duro. Quanto mais pessoas positivas você tiver ao seu redor, melhores resultados obterá, pois estará mais estimulado, o que o ajudará a alcançar mais. As pessoas positivas inspiram, motivam, encorajam e ajudam de muitas formas.

Vejam, moças: nós, homens, não somos tão ruins. Dignos de confiança, gostamos de ajudar os outros e temos atitude positiva. Vocês conseguem imaginar algo melhor que isso? Quero dizer, estamos buscando pessoas que tenham essas características, e isso diz algo sobre nós como um gênero, não é mesmo?

Homens, gostaria de dizer o quanto estou orgulhoso de vocês. Houve muitas ocasiões em que nos chamei de idiotas neste livro, mas dessa vez posso afirmar verdadeiramente que somos muito inteligentes, talentosos, bonitos, engraçados, verdadeiros e pés no chão. Mandamos bem aqui, rapazes... mandamos bem!

Ela diz...

O motivo pelo qual mulheres consideraram habilidades para ouvir e sinceridade qualidades mais importantes do que os homens é porque estas são características relacionais. A maioria das mulheres que conheço compartilha o desejo de fazer follow-up depois de terem trabalhado duro para criar uma conexão com alguém. Uma vez que indicamos uma pessoa, ela não é apenas responsável por aquela tarefa, mas também apresenta nosso selo de aprovação, o qual é, de certa forma, uma representação nossa, assim como um vale.

Pelo fato de sermos multifuncionais, girando muitos pratos ao mesmo tempo, uma vez que entregamos um desses pratos, certamente não queremos voltar atrás e descobrir que não estão em movimento.

A última coisa que eu quero é ter de voltar e acompanhar, eu mesma, uma indicação difícil de dar, cuidadosamente entregue, não apenas porque é mais uma coisa para eu fazer, mas também porque faz meu julgamento parecer questionável.

Descobri que quando dou uma indicação a homens, eles não a levam tão a sério quanto eu gostaria e tendem a passar seu tempo acompanhando-a. Essa também é uma das queixas mais comuns que ouço de outras mulheres em meus grupos de indicações. Nós também somos naturalmente curiosas e nos importamos em como a indicação se saiu, de modo que gostaríamos de receber um telefonema sobre como foi.

A autora best-seller Susan Roane dá aos homens este valioso conselho para realizar networking bem-sucedido com mulheres:

> *Mulheres amam compartilhar contatos, indicações, informações e recursos. Um benefício extra é que sempre vamos querer saber como foi, o que é um bom follow-up, pois somos "casamenteiras" natas e muito responsáveis. Porém, embora possa ser uma analogia picante, se você acabou de passar uma noite com uma amiga nossa, gostaríamos que telefonasse e dissesse que foi maravilhoso. Esse conselho serve tanto para homens como para mulheres. Basta nos manter por dentro das notícias! Nós, mulheres, precisamos disso.*

Outra observação referente à falta de compreensão mútua deixa as mulheres querendo fechar ainda outra lacuna. Muitas delas me dizem que não sentem que os homens as ouvem ativamente durante o networking. Pelo fato de a escuta atenta ser crucial para a compreensão, para estabelecer um relacionamento sólido e, por fim, fazer uma indicação confiável, recomendo aos homens que comecem seriamente a se empenhar em habilidades de escuta ativa, em especial com mulheres. Se vocês não estiverem ouvindo, estão perdendo dinheiro.

Uma de minhas maiores irritações em reuniões individuais com homens é sua preocupação excessiva com o celular. Se eles são tão facilmente distraídos por cada torpedo, ligação perdida e vibração que essa maquininha faz, será que poderiam estar mesmo presentes e ouvindo o que digo? É raro eu ter esse problema com mulheres.

Certa noite estava tomando um drink com um associado do sexo masculino em um bar. Enquanto conversávamos, ele não apenas ficou olhando para o aparelho como também enviou torpedos para outra pessoa em todo o decorrer da reunião. Irritada com a falta de cortesia e sentindo como se não estivesse sendo ouvida, perguntei se essa era assim que ele administrava todos os seus relacionamentos. Ele ficou na defensiva, mas deixou o telefone de lado pelo resto da reunião e conseguimos terminar nossa agradável conversa.

Às vezes, acho que ficarmos incomodadas com a falta de maneiras e quão desrespeitoso isso parece é uma grande novidade para os homens. Tampouco é útil para conhecer e compreender a pessoa com quem marcou de se encontrar. É óbvio que ele não tinha a intenção de me irritar, não é? Ele usou a informação que forneci e mudou seu comportamento.

A responsabilidade por isso jaz em ambos os sexos. Cavalheiros, deixem seus telefones de lado. Organizem seus outros compromissos sociais antes de nos encontrar e honrem nosso tempo juntos dirigindo com respeito sua atenção a nós. Moças, exijam o comportamento que vocês querem. Não segurem sua própria irritação. Deixem os rapazes saberem, de forma amigável, que você está lá para a reunião, e não para esperá-lo cuidar de assuntos administrativos alheios.

Ele comenta...

Essa regra também inclui usar meu GPS enquanto estou em uma conferência por telefone no carro?

Ela continua...

A maioria de nós concordaria que nos comportamos melhor quando estamos começando a nos conhecer, desejando mostrar nossa melhor faceta. Se, num primeiro encontro, aquele é o comportamento que consigo no início de um processo de networking, entendo como um sinal de que a pessoa não está disposta a ouvir, ou até é incapaz disso. É óbvio que não quero me conectar com ela!

Sinceridade é outra característica à qual as mulheres atribuíram maior importância do que os homens. Não há nada que eu deteste mais do que alguém falso. A falta de sinceridade transparece assim que tentam fasciná-la para chegar até seu bolso. É muito comum nós, mulheres, nos deparamos com isso nos negócios – é a sensação de que os homens só estão ali para eles mesmos, sendo até melosos, só para vender algo a vocês.

Ele comenta...

Isso soa meio parecido com o que aconteceu com um sujeito muito rico que eu conheci, nos anos 1990, que se casou com uma mulher de 22 anos.

Ela responde...

Não é disso que estou falando! Mas concordo, a falta de sinceridade é nojenta, não importa de onde venha.

Todas as mulheres tiveram uma experiência pós-encontro, em que o tipo afirma que vai ligar e não liga. Lembro-me de um contato profissional que me deixou com a sensação de ter sido usada, o que não consegui enxergar de prontidão. Eu estabeleci um relacionamento de indicações com um sujeito com quem tinha um mercado-alvo em comum e trabalhamos bem com os clientes um do outro. Organizei reuniões e dei indicações a ele. O relacionamento parecia bom. Após um ano, consegui recuar e ver que a intenção dele não era sincera. Ele falava em oferecer, mas suas ações eram só de receber. Não pareceu legal, desnecessário dizer, mas a sinceridade é, às vezes, uma característica difícil de entender.

Embora as mulheres tenham classificado a sinceridade em uma posição mais elevada como um traço valioso no networking, ambos os gêneros a desejam. Ambos sustentamos a esperança de que as pessoas com quem estabelecermos conexões no futuro serão sinceras, não é?

CAPÍTULO

7

Investimentos do networking

As pesquisas dizem: Tempo dedicado ao networking

Na pesquisa, fizemos numerosas perguntas relacionadas ao tempo empregado nas atividades de networking. Tanto homens como mulheres dedicam quantidades semelhantes de tempo a esses esforços. Quando perguntado “De quantas organizações você faz parte com o objetivo de estabelecer networking?”, as mulheres responderam 2,47, em média; os homens, 2,58. Portanto, os homens pertencem, em média, a uma quantidade um pouco maior de grupos do que as mulheres.

Quando questionados sobre quantas horas por semana eles usavam para desenvolver seu networking, homens e mulheres mais uma vez responderam números semelhantes. A quantidade de tempo média que as pessoas gastam em atividades relacionadas ao networking é 6,31 horas, em geral. Os homens ultrapassaram sutilmente, com 6,44 horas por semana, em comparação com as mulheres, 6,19 horas por semana, em média.

Por que os números mostram que as mulheres gastam menos tempo fazendo networking do que os homens? A julgar pelos comentários dos participantes, mulheres parecem ser muito conscientes disso e determinadas com o tempo que dedicam ao networking, como vemos refletido no comentário a seguir:

Mulheres tendem a fazer menos networking por causa das obrigações familiares, em especial as relacionadas a crianças pequenas.

O tempo com a família é valioso, portanto dedico meu tempo de networking a horas de negócios.

Além disso, descobrimos que as mulheres geram mais indicações de seu networking. Em contraste, os homens parecem ser menos cientes e organizados e esperam resultados mais rápidos. Estamos descobrindo que as mulheres são mais organizadas e concentradas em seus esforços quanto ao networking, especialmente se as necessidades da família estiverem disputando seu tempo, conforme expressado na resposta seguinte:

Ouvi histórias de outro homem que usa o networking como seu principal método de obter indicações e vendas. Ele abandona as organizações caso não consiga negócios significativos após um curto período de tempo. Muitos me disseram que eles vão embora depois de quatro a seis semanas, pois não realizaram uma venda. Não ouço o mesmo de mulheres que fazem networking visando negócios. Se elas desistem, em geral é porque tinham outros compromissos, não gostavam da personalidade do grupo ou se sentiam pouco à vontade. Nunca ouvi uma mulher me dizer que, pelo fato de não ter conseguido fazer negócios depois de quatro ou seis semanas, sentiu que falhara.

Por ironia, especialmente homens que se apegam a uma abordagem transacional pensam que estão economizando dinheiro ao deixar um grupo onde não percebem recompensa em um tempo aceitável. Eles estão caçando, pulando, e não permitem que seus esforços não atinjam o objetivo. Em outras palavras, estão gastando mais tempo, mas obtendo menos resultados do que as mulheres.

Por outro lado, uma participante da pesquisa percebeu algo muito diferente durante o processo, o que demonstra o tempo que as mulheres estão dispostas a investir no desenvolvimento de suas conexões para resultados a longo prazo:

Tanto os negócios como a vida em geral dizem respeito à construção e ao fortalecimento de relações. É importante investir o tempo necessário para conhecer pessoas e negócios, e observar o modo como se conduzem e contribuem para sua vida. Será que eles resolvem problemas, acrescentam valor, acompanham de uma maneira adequada, fazem perguntas, ouvem a cabeça e o coração, têm o desejo de aprender sobre negócios, fazer indicações e AGRADECER *às partes que indicaram? Além disso, sinto que é extremamente importante ser capaz de desenvolver a arte de dar e receber negócios* versus *ser parcial.*

Os homens têm muito mais tendência a enxergar o networking como trabalho. Talvez eu mesmo tenha contribuído com essa atitude com linguagem influenciadora no decorrer dos anos, por dizer frequentemente aos novatos: "Não é *net-sit* ou *net-eat*. É *net-work*"[5]. Os homens tendem a ver o networking como uma tarefa de constituição de negócios, enquanto as mulheres tendem a enxergar o desenvolvimento como um contexto necessário dentro dos negócios que podem um dia serem pautados.

Estabelecer relacionamentos pode ser divertido, excitante e revigorante. Mulheres que se filiam a diversos grupos passam um tempo agradável enquanto reconhecem que essa atividade considerada tão prazerosa também apresenta grandes chances de levar a novos negócios, ou a oportunidades profissionais, durante um longo tempo.

As mulheres acreditam que conectar-se com novas pessoas e vivenciar diferentes personalidades é interessante e prazeroso. Você talvez tenha ouvido a célebre frase de Forrest Gump: "Mamãe sempre disse que a vida é como uma caixa de bombons. Você nunca sabe o que irá pegar". Em um contexto de networking, você pode afirmar que as mulheres gostam de experimentar bombons. Elas gostam da variedade e da amostra de diferentes personalidades. Talvez seja mais fácil estabelecer networking com elas, pois gostam muito mais de seus aspectos sociais, como expressado no comentário:

5 Brincadeira com as palavras *sit* (sentar), *eat* (comer) e *work* (trabalhar). A ideia do autor é que só se estabelece uma rede sólida de networking por meio da ação, e não simplesmente mantendo-se passivo. (N.T.)

> *As mulheres, em geral, são mais fáceis de estabelecer networking. Elas são mais abertas a um fórum de discussão. Na maioria dos fóruns sociais de networking que frequento, tendo a me sentar ou conversar com mulheres. Os homens parecem ser mais fáceis de se relacionar em uma maneira estritamente profissional primeiro e, depois, conversar sobre família e outras questões sociais.*

Os homens, por outro lado, tendem a primeiro procurar o que desejam naquela caixa de chocolates, e só depois pegam o que querem. Lembra-se das informações na caixa que dizem qual recheio há em cada bombom? O homem tende a observar as indicações e mirar na castanha ou na cereja, pois é exatamente para isso que eles vieram. Por que perder tempo com caramelos quando estes não são o que ele quer? Eles não estão lá para experimentar, e sim para caçar. E caçar para os negócios é trabalho – e trabalho bem-feito no único lugar provável de conceder bons resultados.

Ele diz...

Como você viu, nós, homens, somos geralmente orientados pelos resultados e focados em transações. Networking é crucial para o desenvolvimento de relações estratégicas de indicações, cujo prêmio eu necessito levar para casa. As bases de minha caçada incluem uma variedade de contatos casuais, redes de indicações, clubes e associações femininas de negócios, pois ter acesso a muitos recursos eleva minhas chances de maiores lucros.

Como homens, acreditamos que se há oportunidade para negócios e se levamos a sério sustentar nossa família ou tribo, devemos conferir todas as opções de caça disponíveis. Além disso, variedade é o tempero da vida, não é? Embora exploremos muitas opções, não permaneceremos em nenhuma rede muito tempo se ela não der sinais de que vai contribuir para nosso sucesso. Por quê? Em grande parte porque não somos tão atenciosos e precisamos manter nossas mentes muito simplistas ocupadas com ações diretas que nos levarão aos objetivos.

Amo algumas das redes às quais pertenço; outras, nem tanto. O afeto que sinto por alguns grupos é um acréscimo à satisfação de realizar networking, o que é muito bom. Porém, basicamente o que tenho de fazer é continuar a gerar negócios sozinho. Isso é tão simples quanto os homens caçarem para prover o sustento para suas famílias apenas em regiões onde sabem que conseguirão o jantar. Por que caçar onde não existe ação?

Quero ser bem-sucedido e não desejo ter de trabalhar duro; prefiro trabalhar de modo inteligente. Não estou buscando construir uma relação com bases de caçada ou localidades geográficas, apenas quero caçar e levar a recompensa para casa usando o que tiver à disposição.

O sucesso do networking masculino é amplamente controlado por duas ferramentas: a variedade de organizações às quais escolhemos pertencer e o desenvolvimento de nossas próprias habilidades de networking. Isso parece bastante simples, não? Qual é a dificuldade, na prática? Eu apenas vou a vários eventos, converso com pessoas, descubro quem são e o que fazem, e depois decido se há compatibilidade ou não. Se houver, continuo a relação. Caso contrário, não mantenho. É muito "preto no branco". É isso o que homens fazem. Tenho certeza de que você consegue ver aonde eu quero chegar com isso: sim, vou reiterar mais uma vez que nós, homens, somos idiotas!

Os homens devem estar pensando: "Espere aí, Frank, não me diga que isso não funciona. Estou nos negócios realizando networking há anos e fechei vários acordos sem perder muito tempo".

Não tenho dúvidas disso, camaradas. A questão é: quantos negócios mais vocês poderiam ter fechado? Se não continuarmos a nos educar e a nos desenvolver, podemos ficar mais experientes em networking, mas não significa que estamos nos tornando mais eficientes. A fim de melhorarmos em algo, devemos focar três áreas: ações, crenças e conhecimento.

Nossas ações

Estas são atividades físicas que fazemos diariamente: telefonar, enviar e-mails, ir a eventos de networking, fazer contas.

Nossas crenças

Este é o diálogo interno que temos com nós mesmos e nos diz quem somos. Será que me sinto confiante? Estou sendo insistente demais? Qual é a coisa certa a fazer ou a dizer? Meu produto ou serviço é ótimo, ou poderia melhorar? Estou cobrando muito? Tenho certeza de que você consegue se lembrar de muitas das outras questões que percorrem sua mente em um dia típico e decidir o que fazer em seguida.

Nosso conhecimento

Essa é a compreensão intelectual que temos de atividades e assuntos específicos. Se você está tentando ser um *networker* ou vendedor eficiente, deve perguntar a si mesmo se conhece todas as teorias e métodos atuais de networking eficaz, como Processo VCR®, *Strategic Revenue Cycle*, *Upfront Expectations Management*, *Strategic Alliance Teams* e *Tier 1, 2 e 3 Referrals*, para citar apenas alguns. Se esses termos não lhe soarem familiares, então é provável que você precise aumentar sua base de conhecimento.

Um exemplo de como essas três facetas se unem para ajudar a alcançar objetivos é demonstrado a seguir, em um cenário "como se tornar jogador de tênis". Começa quando decido que quero jogar tênis. Eu nunca joguei antes. Pergunto-me: o que tenho de fazer para ficar bom? Então estabeleço o plano.

Conhecimento

Preciso estudar o esporte em todos os seus aspectos, inclusive os diferentes tipos de ataques e jogadas, técnicas para marcar pontos e estratégias para vencer.

Ação

Preciso ter aulas e praticar. As aulas me ajudarão a colocar em prática as instruções que li sobre tênis. Então compreenderei como controlar realmente onde a bola cai com o conhecimento de todos os ataques disponíveis e de como usá-los. Meu corpo, por fim, entenderá o que minha mente processou intelectualmente. Agora permitirei que minha mente tenha uma compreensão mais profunda e verdadeira, o que também eleva meu intelecto.

Crença

Preciso estruturar minha crença em meu discernimento quanto ao tênis e a mim mesmo. Quanto mais confiante me sentir, mais serei capaz de jogar. Sem a confiança interior, simplesmente não acontecerá. Pode ser que você fique bom, mas nunca será ótimo se não acreditar, e essa crença é formada em estágios, para ver como eu melhorei cada vez mais.

Os mesmos princípios são verdadeiros para o desenvolvimento de seu networking e habilidades em negócios: você deve obter a compreensão intelectual do assunto à mão. Depois, precisará sair e praticar o que aprendeu. Isso lhe permitirá unir conhecimento teórico e vida real. Mais importante: você precisa desenvolver a confiança por aquela habilidade, então se torna um verdadeiro profissional nisso – algo que vem com prática e esforço.

Você pode estar se perguntando por que enfatizo tanto esses três blocos estruturais quando muitos de vocês já têm anos de experiência em negócios e decerto sabem o que estão fazendo. É óbvio que vocês sabem o que estão fazendo; praticaram durante vinte anos. Bem, talvez saibam o que fazem, mas podem estar só fazendo a mesma coisa de sempre, repetidas vezes.

Para você que faz a mesma coisa há anos, tenho uma ótima e velha resposta: "Então, você vem melhorando há vinte anos ou está repetindo o primeiro ano por vinte vezes?". Homens, vamos ser um pouco humildes e perceber que temos de evoluir e melhorar em comunicação, relacionamentos e técnicas de negócios. Só porque vocês estão usando comunicação, relacionamentos e técnicas de negócios durante anos não significa que as estão empregando bem.

Vocês podem estar trabalhando muito duro usando ferramentas sobre as quais estão inadequadamente informados. Se eu encontrá-los jogando golfe há anos no clube e vocês alegarem que são ótimos por causa de sua larga experiência, imagine a surpresa que teriam se eu apontasse que estavam segurando o taco pela extremidade errada e que seria melhor se o virassem.

Não significa que não seja possível melhorar. Garanto que vocês podem. A propósito, quando usarem todo o potencial das ferramentas disponíveis, vocês se tornarão praticantes mais habilidosos de seu ofício, o que significa que os retornos de seus investimentos serão melhores, com menos tempo e esforço gastos. E aí, ganhei sua atenção?

Por que os homens passam mais tempo realizando networking?

Sim, sou um homem moderno, então é óbvio que eu quero "equilibrar" minha vida. Mas eu quero tudo, inclusive tempo para trabalhar e tudo o que isso abrange, tempo de qualidade com meus filhos e tempo a sós com minha mulher. Porém, considero-me o provedor de minha família. Isso significa que farei o possível para tornar meu negócio um sucesso. Se eu precisar estar em algum lugar para conseguir fechar um negócio, estarei lá.

Homens passam mais tempo do que as mulheres fazendo networking? Sim. Esse é nosso imperativo social. Quando o avô do meu tatatatataravô homem das cavernas, um milhão de anos atrás, saía à busca de comida para sua família, ele geralmente não voltava para casa de mãos abanando. Ele apenas teve de fazer o que fosse preciso para que isso acontecesse e, mesmo que demorasse... bem, é por isso que eles usavam aqueles trajes de uma só peça feitos de pele – para precaverem-se do frio de longas caçadas. Sua própria sobrevivência dependia de seu regresso à casa com os alimentos. Sinto que os tempos modernos são parecidos. Eu me comprometerei e dedicarei tempo ao que preciso fazer para obter êxito. Se eu sair e passar menos tempo, porém, e não retornar para casa com o prêmio, então qual foi o sentido? Leva certo tempo para se obter aquilo que me motivou a ir. Só daí, então, posso voltar para casa.

Ela diz...

Nossas pesquisas afirmam que os homens passam mais tempo fazendo networking do que as mulheres, mas elas aparentemente alcançam objetivos melhores. À primeira vista, isso pareceu um pouco confuso até eu começar a observar o que as mulheres fazem, em comparação ao que os homens fazem. As mulheres são atraídas para o networking em eventos. Quando estão em reuniões de pais e mestres, uma reunião de voluntariado ou sentadas em um restaurante, estão socializando, mas não consideram isso networking. Mulheres socializam o tempo todo. Já os homens chamam a maioria das coisas de networking; se eles sentem que é possível fazer negócios, trata-se de networking. Quando estão no campo de golfe, estão fazendo networking, quando jantam com uma possível fonte de indicações, estão fazendo networking.

Lembre que mulheres apresentam mais tendência a serem relacionais, que elas demoram o tempo delas, procuram o denominador comum e buscam lugares onde podem dar apoio e colaborar. Elas já afirmaram não gostar de comercializar suas redes, então é plausível que também não gostem de comercializar seu tempo social. Tenho um ímã em minha geladeira e estou certa de que muitas mulheres já o viram. Ele retrata quatro mulheres conversando e a legenda diz: "Não é fofoca, é networking". As mulheres socializam, conectam-se. Os homens sempre chamaram isso de fofoca, mas trata-se de construção de relacionamento. Se você precisa de algo para sua família, peça a uma mãe. Escrevi uma breve história chamada "Mães são *networkers* natas", no livro *Masters of networking*. Não poderia ser mais verdadeiro!

O próximo passo na progressão feminina é como solicitar a suas conexões ajuda para formar seus negócios. As mulheres passam muito tempo fazendo networking, em geral, não intencional. Uma das maneiras de fortalecer seu músculo do networking é ser intencional com suas atividades. Os homens geralmente participam de conselhos como uma maneira de se conectar e estabelecer networking; já as mulheres, por se importarem com a causa (e normalmente não conectam seu networking a essa atividade). Se fôssemos mais conscientes de nossas redes, perceberíamos que temos um conjunto vasto de pessoas que podem e vão nos ajudar em nossos negócios.

CAPÍTULO

8

Sistemas planejados dão mais resultados

As pesquisas dizem: Utilizando um sistema

A utilização de uma abordagem sistemática sobre o networking foi o objetivo de diversas questões da pesquisa. Em muitas ocasiões, os resultados foram reveladores. Quando perguntamos aos participantes se eles tinham uma abordagem sistemática para manter contato com as pessoas que conheceram por meio de networking, 58% responderam "não". Obtivemos resultados muito semelhantes em pelo menos uma questão relacionada. A diferença nas respostas entre homens e mulheres foi desprezível e insignificante do ponto de vista estatístico.

O que é significativo, no entanto, é que a maioria das pessoas não possui um sistema sólido e adequado para garantir a manutenção do contato e assegurar que as conexões não sejam perdidas. Essa é uma falha fatal em relação à constituição de uma rede pessoal sólida. Sabemos disso porque nossos últimos resultados da pesquisa mostraram como é influente a relação entre o uso de sistemas e a geração de resultados positivos nos negócios. Chegaremos lá em breve. Observe, na citação a seguir, como o acompanhamento impessoal ou a falta de um sistema de qualidade afasta o receptor:

> *Certa vez, participei de um evento noturno de networking, convencido pelos colegas homens. Um deles era vendedor de car-*

ros. Eu estava mesmo pensando em comprar um carro novo na ocasião. Ouvi seu discurso de venda, disse-lhe que estava muito interessado e entreguei meu cartão a ele, pedindo que me telefonasse. Dois dias depois, recebi um spam impessoal, que ele circulou entre todos os que conhecera. Ele nunca me ligou. Qual é o sentido de comparecer a essas coisas se você não vai ouvir as pessoas que conheceu ou seguir uma pista importante?

Aqueles que, de fato, empregam técnicas de acompanhamento demonstram como os sistemas podem ser sólidos e poderosos. Este casal, por exemplo, descobriu como alavancar os contatos um do outro:

> *Minha esposa e eu trabalhamos juntos para trazer indicações um para o outro. Ela é consultora financeira e eu sou consultor de negócios online. Seu sistema de manter contato inicia quando ela solicita cartões de visita de seus clientes. Ela então pergunta se eles têm website, se gostam dele e como conseguem fazer negócios. Ela aproveita essa oportunidade para indicar meus serviços de* web-design, e-commerce *e marketing on-line. Em contrapartida, pergunto a meus clientes se eles utilizam serviços online de pagamentos com cartões de crédito em seus negócios, e uso isso como uma ponte para apresentá-los aos serviços que minha mulher oferece como consultora financeira pessoal.*

Este participante também reconhece a importância de ter uma abordagem sistemática:

> *Eu tenho um "sistema de irrigação" muito amplo (embora monitorado), que deu retorno muitas vezes. Esse inclui fichas com receitas, um clube de cartas de aniversário (pré-organizado para clientes escolherem um bolo em sua padaria local), newsletters mensais, cartões de aniversário e convites para uma noite no campeonato de esportes local. Não importa se o cliente não escolher participar. Manter meu nome em primeiro lugar em suas mentes depois de ter estabelecido o primeiro contato*

é o que importa. Mais tarde eles saberão para onde ir quando precisarem de meus serviços.

Como observa este participante, manter o foco no objetivo do networking profissional também é um aspecto vital do acompanhamento:

Fiz diversas amizades sólidas com homens e mulheres como resultado do networking profissional. Como qualquer relacionamento, eles exigem dedicação. Minha experiência tem mostrado, independentemente de gênero, que é preciso estar ciente de quando atingir aquele nível de confiança que se transforma em amizade, porque então você pode esquecer o aspecto profissional do relacionamento. É por isso que sinto ser primordial ter uma estrutura adequada, que gere negócios continuamente e dê dinheiro. Perder isso de vista muda a natureza do relacionamento.

Ele diz...

Sistemas? Nós temos sistemas para tudo! Você já observou um homem acender o fogo da churrasqueira? É um sistema de beleza. Primeiro, você limpa a churrasqueira, então amontoa ordenadamente o carvão em uma pirâmide e, com muito cuidado, mergulha o carvão em uma quantidade precisa de fluido de isqueiro. Acende aquele carvão e... fogo! Só há um destino para o fogo: uma vez que fica perfeito, como apenas um homem pode dizer, esse é o momento de jogar alguns bifes de dinossauro na brasa e deixá-los queimar! Você vê? Nós conhecemos sistemas, e o sistema de fazer fogo é um exemplo que aperfeiçoamos milhares de anos atrás.

Há muitos sistemas nos negócios e é importante que os usemos a nosso favor, assim como o fogo. Adequá-los de modo que nos permitam acompanhá-los consistentemente e manter contato soa como se fosse muito fácil – afinal de contas, nós dominamos o fogo. Então por que mais homens não utilizam sistemas para complementar suas atividades profissionais? Eu me arriscaria dizer que manter contato parece um pouco relacional demais. Afinal, essas relações profissionais já nos conhecem e já lhes vendemos algo, então por que precisamos manter contato?

Se eu dissesse que ter um sistema permite ganhar mais dinheiro, você estaria disposto a utilizar um? É claro que sim. Mais dinheiro significa mais tempo livre e, se os sistemas estão aí para ajudar, economizamos tempo e trabalho.

Quantas vezes você se esqueceu de acompanhar uma indicação ou retornar uma chamada pontualmente? Talvez não tenha sido nem porque você não queria, mas às vezes ficamos tão atarefados que nos esquecemos de pequenas coisas. Sim, mulheres são multifuncionais natas melhores que os homens. Nós, homens, temos que adequar mais sistemas para nos certificar de não falharmos. Toda vez que falharmos, isso nos custará dinheiro! Em geral, implementar mais sistemas em nosso trabalho nos permite ganhar mais dinheiro, e assim teremos tempo para fazer as coisas que amamos, como acender fogueiras!

Ela diz...

A sorte está no acompanhamento. Há pouco tempo passei uma indicação a um senhor. Disse-lhe que se tratava de um acordo fechado. Nunca tive notícias dele, então passei a indicação a um segundo homem, dizendo a mesma coisa. Ele também nunca me ligou. O andamento foi completamente falho, apenas porque nenhum desses cavalheiros tinha um sistema de follow-up – ou havia algum problema por eu ser mulher. Em todo caso, foi uma oportunidade perdida. Isso raramente acontece comigo quando se trata de mulheres, que me ligam ou escrevem um e-mail tão logo a indicação é feita.

Certa vez, dei a um homem uma indicação para um projeto de 30 mil dólares que ele nunca procurou. Eu até telefonei uma segunda vez para dar mais uma oportunidade. Ofereci a mesma indicação a uma mulher e ela me retornou dentro de 24 horas. Talvez esse seja o motivo pelo qual as mulheres sentem que estão conseguindo mais negócios de suas atividades de networking: elas são mais consistentes com o acompanhamento.

As pesquisas dizem: Mensurar é obrigatório

Se você rastrear seus esforços de networking, pode estudá-los e certificar-se de que estão lhe dando retorno pelo tempo investido. Quanto tempo você passa por semana realizando atividades de networking? Quanto você está ganhando, para seu negócio, desse tempo investido? Mensure o tempo médio e os ganhos durante um período de dois anos; depois, recue e avalie seus métodos e produção. Seria possível fazer as coisas de outro jeito? Se vamos gastar nosso tempo fazendo algo para os negócios, devemos nos certificar de que isso está nos proporcionando o retorno desejado. É como dizem: você não pode administrar se não consegue mensurar. Basicamente, se você pode mensurar, consegue enxergar o que está acontecendo e mudar isso.

Ele diz...

Tudo tem a ver com RI (retorno no investimento)... certo, rapazes? Tempo é dinheiro. Relacionamentos são dinheiro. Tempo e relacionamentos são dinheiro. Se o tempo que estou gastando não me proporciona o resultado correto, então aquele relacionamento TEM QUE ACABAR! Nós, os homens, pensamos: "A última coisa que quero é outro 'relacionamento' com um homem ou uma mulher que não me leva pra nenhum lugar... em termos de negócios. Eu preciso saber que meu tempo é produtivo. Tudo diz respeito ao resultado final, o RI, a transação... A VENDA!".

Mulheres, agora mostrarei a vocês a fórmula que foi dada a nós antes de entrarmos no mundo dos negócios. Passada de pai para filho, e de pai para filho... durante gerações. Esta é a primeira vez que ela será revelada a membros do sexo oposto. Essa é a nossa explicação para o sucesso durante os últimos 500 bilhões de anos.

Fórmula RI para homens

Sexo da pessoa × Idade da pessoa × Educação × Anos de experiência ÷ Número de pessoas em sua rede × A média de anos de relacionamento com cada pessoa – Pessoas abaixo de 32,5 anos de idade e pessoas acima de 52,25 anos de idade.

Quando você obtiver esse número, multiplique-o por 3,14666 e, depois, converta em uma fração.

Assim que obtiver a fração...

Por favor, digam que não estavam realmente fazendo isso! Vocês não pensaram que eu falava sério, não é?

A verdade é que não há fórmula matemática para o sucesso quando se trata de networking. Como homens, gostamos de pensar que há, mas já destacamos neste livro que, às vezes, nós não somos as facas mais afiadas da gaveta.

Então agora vai a realidade. Esqueçam tudo o que eu disse antes de "Por favor, digam que não estavam realmente fazendo isso!". Mensurar tempo, dinheiro e energia investidos é importante. Determinar os verdadeiros resultados obtidos de nosso networking e indicações é importante. Eu acredito nisso, mesmo. Mas o que é isso que estou mensurando? Não é possível determinar relacionamentos no papel. Os resultados do networking vêm de tempo e energia investidos em um relacionamento. Eles se desenvolvem através de doação, cuidado e desejo de ajudar os outros. Deixem-me fazer algumas perguntas: quem dará sua próxima indicação? Quanto irá lhe custar e quando você a receberá? Tenho quase certeza de que você não conseguirá responder a tais perguntas. Por quê? Porque VOCÊ NUNCA SABE. Você nunca sabe quem lhe dará a próxima grande indicação.

A chave para obter resultados de seus associados de networking – sejam homens ou mulheres – é o nível de sinceridade quanto a querer ajudar você. Qual é a maneira de determinar a motivação de outra pessoa em ajudá-lo? Não tenho certeza, mas essa poderia ser uma boa fórmula.

Como homens, não queremos perder tempo em eventos ou com pessoas que "não compreendem". E como você sabe quem são essas pessoas? Você simplesmente sabe. É instintivo. (A menos, claro, que você seja uma delas, ou que você sequer saiba do que estou falando.) Temos nossa experiência de vida, nossa inteligência de aprendizado, nosso conhecimento de campo e nossa inteligência emocional, que nos auxiliam a decidir quando vale a pena continuar um relacionamento. Ninguém pode de verdade nos ensinar. Isso vem de dentro.

Por favor, certifique-se de estar mensurando os resultados finais obtidos de suas diversas atividades. Então recue e observe como você está investindo nos relacionamentos a partir dessas atividades. Quero que você observe cada relacionamento e questione se é de valia para seu negócio; depois, olhe a partir da perspectiva de outrem. Que RI você diria que eles estão conseguindo do relacionamento com você? Vamos recordar: sua opinião não importa. Para eles, o que eles pensam e acreditam é o que importa. No entanto, precisa importar a você também, pois se eles não o consideram um item valioso e você não os está enxergando como tal, então ambos perderão uma ótima oportunidade para desenvolver um relacionamento que poderia vir a ser muito benéfico para as duas partes.

Homens, as mulheres são boas nessa parte. Devemos nos concentrar na fórmula. A fórmula é legal, mensurar é importante, mas a pessoa, o RELACIONAMENTO é o que importa mais. Portanto, rastreie e mensure.

Ela diz...

Para a maioria das mulheres, tempo é em geral um bem muito procurado. Quando observamos as estatísticas sobre o tempo gasto em networking por homens e mulheres, não é surpresa alguma constatar que eles pertençam a mais organizações, passem mais tempo participando de eventos e, em geral, dediquem mais tempo na semana à realização de networking do que elas. Estariam homens e mulheres se perguntando sobre seu tempo e resultados? Ou eles realmente têm sistemas? Em meu trabalho com centenas de pessoas de negócios sobre esse mesmo assunto, é muito raro encontrar um homem ou uma mulher que de fato rastreiem seu tempo e resultado pessoais.

Um senhor chamado Eric tinha um sistema impecável para suas atividades e resultados. Ele sabia exatamente quanto tempo gastava, quais organizações estavam proporcionando resultados e quanto dinheiro ganhou em cada atividade. Em dez anos, conheci apenas uma pessoa que realmente conseguiu me mostrar seu sistema. A maioria de nós deduz o tempo gasto e os resultados, em geral estimando ou adivinhando, consideravelmente acima ou abaixo do verdadeiro.

Se estiver realizando networking para seu negócio, você tem que determinar seus resultados. Tempo é dinheiro, e você não pode recuperar o tempo desperdiçado. Se eu perder tudo o que tenho hoje, sei que poderia recriar minha riqueza num certo tempo. A questão é: eu teria tempo suficiente? No caso das mulheres, perde-se para o tempo, para a família, para o trabalho, para os amigos, para si mesma e para os outros. Para fazer o melhor uso de nosso tempo, devemos iniciar mensurando os resultados.

Eu sei, eu sei! Ouço isso o tempo inteiro, você não quer comercializar suas redes, você não deseja parecer insistente, não quer prejudicar os relacionamentos. Eu apenas quero lembrar que este é um livro sobre networking profissional. E negócios exigem medidas!

Avalie seus grupos

- Faça uma lista de todos os grupos de que você participa neste momento.
- Pergunte-se "Por que estou neste grupo?" e anote a razão.
- Agora que tem a lista, quais desses grupos ainda têm um propósito a você?
- Quantos negócios você está fechando e quanto está dando às pessoas desses grupos?
- Você está em grupos apenas para apoio ou pretende obter e dar indicações?
- Há quanto tempo é membro do grupo?

Ao final de cada ano, ou antes de decidir se filiar a outro grupo, passe por esse processo e depois decida em quais grupos continuará e de quais sairá. ADVERTÊNCIA: não se associe a grupos, sente e espere as coisas acontecerem para depois ir embora e dizer que não funcionou. Você desiste de qualquer grupo no qual ingressa. Observe a si mesmo antes de culpar outros ou o grupo por sua falta de indicações ou negócios.

A seguir, uma lista de quatro coisas que devem ser mensuradas:

1. *Tempo.* Quanto tempo você está dedicando ao grupo ou às pessoas? Grande parte do bom networking é o estabelecimento de boas relações. No mundo do networking, construímos relacionamentos benéficos a ambos os lados. Constituir relações demora. Quanto tempo você investiu?
2. *Dar.* Quantos negócios você deu aos outros? Eu não reclamo de não conseguir fechar negócio de uma fonte indicada se não estiver oferecendo negócios àquela mesma fonte. É importante rastrear as indicações que você dá aos outros e o que resultou delas.
3. *Receber.* Quantas indicações ou referências você recebeu do grupo ou dos participantes? Isso é primordial. O que você obteve do grupo ou da fonte da referência no último ano? Quantas indicações ou referências recebi de uma pessoa de minha rede ou de uma fonte de referência?
4. *Resultado.* Quanto dinheiro você ganhou como resultado das referências e indicações que obteve? Isso remete ao item 3, *Receber.* Eu recebo muitas referências e indicações, mas quais estão sendo fechadas e quais não são tão boas? Você deve descobrir que as pessoas para quem está oferecendo bons negócios estão apenas retribuindo referências fracas.

Se descobrir que não está conseguindo os resultados esperados de um grupo ou pessoa, observe o que você pode ter comunicado a eles. Volte e decida se faltou clareza em sua comunicação quanto ao que deseja ou precisa, ou se atingiu o limite com quem está feliz por receber suas indicações, mas não tão aberto quando é o momento de dar referências a você.

As mulheres geralmente não realizam esse processo de mensuração, pois é como se calculassem, e isso é prejudicial aos relacionamentos. Peço licença para discordar de todas as mulheres que me relataram isso. Isso é networking profissional. Mensure todos os seus resultados e depois você será capaz de administrar seu tempo. Se não está obtendo os resultados desejados, você pode parar, reavaliar e mudar o curso, se assim quiser.

LEMBRE-SE: se seu networking não está funcionando e você não está fechando negócios, a culpa é sua. Se assumir que a culpa é sua e que você tem total responsabilidade por isso, somente então você terá a capacidade de mudar isso. Se não mensurar, não saberá se está funcionando ou não.

Nosso tempo é limitado, senhoras, e nosso circo de três picadeiros nos chama constantemente. Devemos mensurar se faremos bom uso de nosso tempo.

As pesquisas dizem: Eficiência do networking

Combinamos as respostas fornecidas a duas questões para determinar qual é a verdadeira eficiência de uma ferramenta de networking profissional. Uma das perguntas era quanto tempo os participantes dedicavam ao networking, e outra, qual porcentagem do negócio se originou de networking. Nossa análise mostrou uma correlação linear entre ambos os fatores. Quanto mais horas uma pessoa se dedicar ao networking, mais negócios se originam dele. A correlação apresentada na Figura 8.1 é exatamente esta:

Médias semanais

É importante observar que as horas semanais, em média, que cada participante da pesquisa dedicou a atividades de networking foi 6,31. Em outras palavras, durante um período de uma semana, as pessoas passaram pouco menos de um dia inteiro de trabalho envolvidas em algum tipo de atividade de networking.

É interessante notar que a maioria das pessoas que afirmou que o networking não era importante para o sucesso (51,5%) passou duas horas ou menos realizando networking! É óbvio que quem passa menos tempo envolvido em networking acredita que ele não é uma maneira eficiente de desenvolver seus negócios. Assim como em muitos aspectos da vida, você colhe o que planta. Não é de surpreender que as pessoas que não investem tanto tempo não percebam tanto retorno. Isso demonstra a relação direta entre esforço e recompensas no networking.

O participante comum desta pesquisa gera 46,7% de todos os seus negócios de indicações e atividades de networking. Os homens atingiram a marca de 43,96% de negócios fechados através de networking e indicações, e as mulheres, 49,44%.

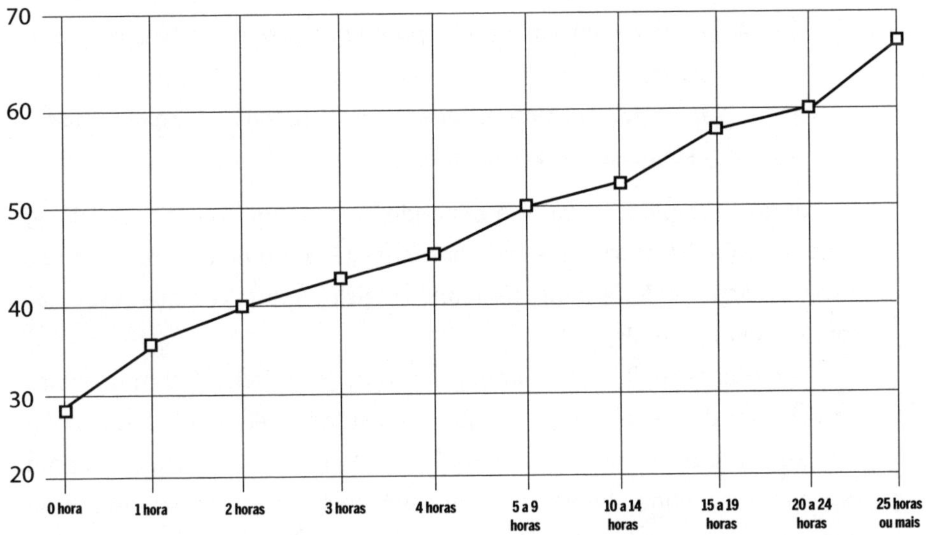

FIGURA 8.1: Porcentagem de negócios por horas investidas.

Tempo de qualidade investido gera maiores recompensas

Esta última série de dados é muito interessante. Descobrimos que entre os 12 mil participantes, as mulheres passaram menos tempo realizando networking (6,19 horas, em comparação com 6,44 dos homens), embora tenham gerado uma porcentagem maior de negócios graças ao processo (49,66% contra 43,96% para os homens).

A citação a seguir defende o poder do acompanhamento como uma técnica produtiva para obter resultados máximos dentro de limitações de tempo, visto que as mulheres conseguem mais negócios sem investir tanto tempo em networking.

> *Na maioria dos grupos, descobri que apenas um pequeno número de pessoas está preparado para se conectar e realizar o acompanhamento adequado. As mulheres são muito melhores nisso. Meu mentor me ensinou bem quando disse que a riqueza está no acompanhamento.*

Por que as mulheres, mesmo gastando menos tempo com networking, conseguem mais negócios que os homens? Essa é uma questão que nos intrigou bastante. Receio que tenhamos mais perguntas do que respostas sobre esse assunto específico.

Visto que as mulheres tendem a ser mais "relacionais", com base nas descobertas dessa pesquisa, será que elas estariam realizando networking sem pensar que se trata de "networking"? Em outras palavras, estariam realmente fazendo networking quando acham que estão socializando sem o objetivo de fechar negócios?

Mulheres geralmente me falam que são responsáveis por mais coisas do que os homens, como os cuidados com os filhos e diversas outras responsabilidades domésticas. Por consequência, seriam elas mais focadas do que os homens em relação ao tempo limitado que têm para realizar networking? Estão elas apenas sendo mais produtivas por terem menos tempo? Eu realmente não posso afirmar, mas é uma questão digna de ser investigada.

Nenhuma dessas perguntas foi respondida com os dados, e não estou sugerindo que tais hipóteses sejam verdadeiras. Elas foram apenas colocadas como questões. Por que as mulheres passam menos tempo realizando networking e ainda assim alegam uma porcentagem maior de negócios através de indicações do que os homens?

Os dados estão claros aqui.

Ele diz...

Nós, homens, dedicamos mais tempo e obtemos menos resultados. Isso não é bom de nenhuma forma. Por que isso acontece? A culpa recai sobre nossa técnica, conhecimento ou aplicação prática – ou talvez sobre todos os três. Talvez seja um bom aspecto dos veteranos. Nós saímos para nos conectar com nossos camaradas e passamos tempo por aí, juntos, mas não encontramos gente nova. Estamos fazendo negócios com nossos companheiros, mas não estamos conseguindo MAIS negócios com eles.

Eis o que me deixa confuso de verdade. Descobrimos que os homens são orientados pelos resultados e muito focados em transações, em detrimento de relações. Se isso é verdade, tudo se resume aos resultados das transações e as mulheres não são tão focadas em transações, vendas ou resultados, então por que elas estão gerando mais negócios em menos tempo? Sou só eu, ou isso também nos faz parecer idiotas?

A resposta concisa é que as pessoas desejam fazer negócios com gente que conhecem, em quem confiam e de quem gostam. Elas querem dar seu dinheiro àqueles em quem confiam mais. Se eu não o conheço ou não confio nele, simplesmente não irá acontecer.

Homens, acho que precisamos aprender com as mulheres aqui sobre foco em qualidade em vez de quantidade de tempo. Sem surpresas!

Ela diz...

O tempo é, em geral, mais requerido pelas mulheres do que pelos homens por causa de seu equilíbrio entre família e profissão, então elas controlam as rédeas de suas horas formais de networking para acomodar tais exigências. Quando examinamos as estatísticas, não é novidade ver que os homens pertencem a mais organizações, passam mais tempo participando de eventos e, em média, também dedicam mais tempo por semana ao networking – embora relatem menos negócios como resultado do trabalho com suas redes, em comparação às mulheres.

Visto que o tempo é limitado, é obrigatório que as mulheres façam uso meticuloso de seu tempo destinado ao networking, alavancando seus esforços à potência máxima. Já os homens, em geral, têm mais tempo para o networking e se conectam com outros no mundo dos negócios. É por isso que as mulheres necessitam produzir mais resultados em menos tempo para competir de modo eficaz com eles.

O que era velho está novo mais uma vez: alerta de comprador compulsivo

Você já engraxou um ótimo par de sapatos dos quais havia se esquecido e ficou impressionado com o quanto eles são adoráveis? Às vezes, uma conexão atual de qualidade ou mesmo uma antiga podem funcionar da mesma forma com alguma atenção, cuidado e, é óbvio, entusiasmo. Não se esqueça dos "sapatos" que já estão em seu guarda-roupa! Cuidado para não se tornar um comprador compulsivo insaciável, com um guarda-roupa cheio de muitas conexões, porém superficiais (sapatos baratos).

Nosso estudo demonstra que quanto mais tempo uma pessoa passa realizando networking, mais bem-sucedida ela é. Por essa razão, se as horas que uma mulher pode trabalhar são limitadas por conta de seu estilo de vida, consequentemente seu potencial para resultados será também limitado. Sua única alternativa é encontrar melhores formas de utilizar o tempo de que dispõe, escolhendo grupos que se encaixem em sua vida familiar. A necessidade é a mãe da invenção, certo? Mulheres que se encontram nessa situação desagradável escolheram predominantemente grupos que se encontram ao meio-dia, pois as manhãs e as noites são, por tradição, momentos sociais dedicados à família, para cuidar das crianças fora do horário da escola, das obrigações domésticas, refeições etc.

A maioria dos profissionais de negócios passa muito tempo correndo de um evento de networking ao seguinte, encontrando mais pessoas novas, na esperança de que venderão um produto ou serviço a alguém da sala. Esse "sugador de tempo" torna-se frustrante para as mulheres quando suas intenções ambiciosas colocam-nas em posição desfavorável, em parte porque não conseguem ir a tantas reuniões quanto consideram apropriado para abastecer seus negócios. Contrário a essa frustração, quando as mulheres se concentram em networking de qualidade, e não em quantidade, descobrem que suas vidas duplas como mães atarefadas e donas de negócios podem funcionar em conjunto e produzir resultados positivos aos negócios.

A tartaruga e a lebre

Mulheres tomam o caminho mais lento e firme para o networking, parando durante o trajeto para investir algum tempo na construção do relacionamento, enquanto os homens disparam como loucos até o fechamento rápido dos negócios, pulando algumas das etapas do desenvolvimento do networking. Na linha de chegada, os homens parecem ter um retorno mais rápido de seu tempo, mas é a mulher quem está vencendo a corrida, rompendo a fita com conexões mais profundas e férteis.

Networking poderoso exige planejamento. É importante manter-se organizado com seu tempo e decidir com quais grupos você se envolverá e quanto tempo você concederá a cada um deles. Manter um calendário exclusivo para analisar o tempo, exatamente da mesma forma que um orçamento, ajuda a manter o tempo gasto à vista. Esse tipo de organização parece permitir que a maioria de nós, mulheres, administre suas opções. As mulheres são muito adeptas dos malabarismos com calendários e suas diversas prioridades.

O próximo passo depois de "orçar" o tempo é estabelecer objetivos a serem alcançados em seus grupos. Isso exige acompanhamento após eventos (que nós também organizamos).

Quanto mais sistemas "instalamos" em nossa doutrina de networking, mais sucesso geramos em um tempo limitado. A maioria das pessoas conhece inúmeras outras, mas na verdade passa muito tempo tentando encontrar ainda mais gente, pensando que um número cada vez maior de conhecidos seria bom para suas carreiras. Sabemos que esse não é o uso mais produtivo de nosso tempo.

A maioria de nós lembra-se do conselho de nossos pais de escolhermos poucas coisas e fazê-las bem, em vez de apenas ser pouco habilidoso em muitas coisas. Os relacionamentos funcionam da mesma forma!

Nós somos muito melhores ao nos concentrarmos na adição de pessoas a nossas redes, de modo sistemático, limitando o sistema a números que conseguimos administrar com qualidade. Isso nos permite fazer o que sempre fizemos para nossas famílias, lembrando-nos de aniversários, datas comemorativas e outras informações importantes sobre nossa rede.

Falando de qualidade, as pessoas são muito melhores quando se concentram na adição de gente a suas redes, de modo sistemático, limitando o sistema a números que conseguem administrar com qualidade. Pergunte a si mesmo se consegue se lembrar de aniversários, nomes de parentes, *hobbies*, conversas anteriores e desejos de diversas pessoas com quem você está socializando. Se a resposta for não, é o momento de se organizar mais, verificar seus números e melhorar a qualidade de seus relacionamentos com pessoas que já se conectam com você.

As pesquisas dizem: A conexão entre rastreamento e sucesso

A frase "nós valorizamos o que mensuramos" – e vice-versa – vem a ser muito relevante em networking. Enquanto explorávamos os resultados dessa pesquisa, correlacionando sucesso e networking, descobrimos que a maioria das pessoas que atribui ao networking parte de seu sucesso também mantém um sistema de mensuração do valor (em dinheiro mesmo), dessa atividade. De modo inverso, a maioria dos participantes que afirmou que o networking não foi importante para seu sucesso não tinha nenhum sistema para rastrear o dinheiro gerado de sua participação em grupos de networking.

Em um mundo em que as notícias veiculadas pela mídia relatam os últimos placares do esporte, números de ações e até os filmes com maior bilheteria no final de semana, você não acharia senso comum motivar *networkers* a rastrear o quanto estão conseguindo de seus esforços? Infelizmente, o senso comum não é tão comum assim.

Você possui um sistema para rastrear todo o dinheiro que gera de sua participação em grupos de networking?

	O networking foi importante para seu sucesso?		
	Sim	**Não**	**Total de respostas**
Sim, eu tenho um sistema atualmente	**53% (5 408)**	34,9% (205)	**51,9% (5 613)**
Não, eu não tenho um sistema atualmente	47% (4 803)	**65,6% (391)**	48,1% (5 194)
Perguntas respondidas	10 210	596	**10 806**
Pergunta pulada			1 198

FIGURA 8.2: Rastreando o sucesso financeiro através de um sistema.

Profissionais de alto desempenho em networking exigem a mesma atenção para as métricas do sucesso – assim como um atleta profissional, um acionista da bolsa de valores ou até o cinema local. Por quê? Nós conseguimos influenciar o que podemos mensurar mudando o que fazemos. Em outras palavras, o que conseguimos medir, conseguimos mudar. Depois da análise, nosso mundo pode ser moldado à maneira que desejamos que ele seja: bem-sucedido. A Figura 8.2 mostra um exemplo dessa verdade.

Rastreie seu jardim, observe-o crescer

Com que profundidade você rastreia aniversários, datas comemorativas e outros eventos importantes em sua vida? Muito provavelmente você utiliza algum tipo de calendário – algo tão simples quanto uma folhinha ou tão sofisticado quanto o aplicativo mais recente. Em outras palavras, você emprega um sistema, não importa o que funciona melhor para você.

Mais importante: por que você usa algum tipo de sistema de calendário? Porque aniversários, datas comemorativas e outros eventos importantes também são significativos para as pessoas da sua vida. Você valoriza seu relacionamento com seu cônjuge, então fica de olho na data de seu aniversário. Você dá valor aos relacionamentos com família e amigos, portanto acompanha seus aniversários.

Relacionamentos duradouros estão no centro do networking também. Os participantes da pesquisa que acreditavam que deveriam se concentrar em uma relação com alguém antes de tentar fazer negócios com aquela pessoa também indicaram ter um sistema para acompanhar o valor de seu networking em dinheiro. O sistema realmente os ajuda a se concentrar e cuidar do relacionamento, e compreender o valor de seu negócio durante o longo processo.

O interessante é que a maioria dos participantes que prefere uma abordagem transacional para o networking (seduza-os para os negócios agora e se preocupe com a relação mais tarde ou nunca) não usa nenhum sistema para rastrear o dinheiro ganho de seu networking. Eles não somente fracassaram ao não se concentrarem no relacionamento como importância primária, mas também não prestaram atenção se sua rede era financeiramente produtiva. Não é como dizer que você se lembraria dos aniversários se não estivesse tão ocupado ou distraído no momento? De qualquer modo, não importa tanto, não é? Mesmo?

Ambos os gêneros se beneficiam do rastreamento

Vincular um sistema a seu networking é crucial para imprimir mais sucesso ao tempo que você dedicou. A maioria dos *networkers* está por aí conhecendo pessoas e ampliando suas redes, mas não se envolveu plenamente na rede que já desenvolveu, nem está rastreando as atividades, tampouco os resultados gerados.

Eis o que a dra. Herminia Ibarra, professora de comportamento organizacional na INSEAD University, tem a dizer sobre aprofundar sua rede:

> *É a qualidade, e não a quantidade de contatos e como você os usa o que realmente importa. Os gerentes precisam se lembrar de que o networking é uma via de mão dupla. Eles precisam oferecer ajuda e fazer conexões para outros em sua rede, assim como esperar ajuda deles. Você pode ter a maior lista de contatos em seu campo, mas se pega o telefone só quando está em crise, não chegará longe. É por isso que você não quer se deixar vulnerável e sem ter para onde ir quando estiver em crise. Relacionamentos exigem tempo, esforço e têm seus próprios ritmos. Dependendo do quanto você se dedica, do que retribui e da amplitude do que investe para o futuro, sua rede estará à sua disposição.*

O que é rastreado é feito. Quando rastreia suas atividades de modo constante, você compreende onde ocorrem seus êxitos e, dessa forma, onde seu tempo e energia são mais bem empregados.

Ele diz: Rastreamento tem tudo a ver com sistemas

Como discutimos anteriormente, uma das coisas mais importantes que você pode fazer para seus negócios é criar sistemas em torno de tudo o que fizer. Quanto mais sistemas eficientes você tiver estabelecido, maiores as chances de conseguir vender seu negócio por um valor, de gerar maior riqueza e de prever seu crescimento anual com maior regularidade. Pergunta: por que os homens gostam tanto de sistemas? Resposta: sabemos desde o início deste livro que o cérebro do homem não é programado tão bem quanto o da mulher para realizar tarefas múltiplas. Quer dizer, se os homens não tiverem sistemas para lembrar e fazer as coisas acontecerem, esquecem qualquer coisa que deveriam fazer. Moças, parem de balançar as cabeças e sorrir. Sabemos que vocês sabem disso, nós apenas não podemos deixar que vocês saibam que sabemos. É por isso que aniversários são esquecidos por nós com frequência. Nós somos criaturas simples. Para mim, multitarefa significa assistir ao meu esporte preferido na televisão, segurar uma cerveja com minha mão esquerda e ter salgadinhos a postos na mão direita, sem ter que tirar os olhos de uma tela de 52 polegadas. Muito mais fácil falar do que fazer, acredite em mim.

Criar sistemas em sua rede e em suas referências não é diferente. Se você passa seu tempo realizando networking, conhecendo pessoas, colecionando cartões de visitas e recebendo e dando indicações, estabelecer sistemas permitirá que você faça isso com mais facilidade e sucesso. Sempre sou surpreendido quando consigo um cliente novo e começamos a conversar sobre seu sistema de dados – o coração de sua rede –; nove entre dez vezes ele apresentará uma caixa de sapatos repleta de cartões de visita. (A propósito, uma caixa de sapatos foi um progresso tecnológico em minha segunda gaveta da escrivaninha, que também guarda meu grampeador, suporte de fita adesiva e clipes.)

Aqui vão algumas dicas com as quais se estabelece um sistema básico:

- *Utilize um banco de dados*. Ter um banco de dados com todos os seus contatos é primordial para ampliar uma boa rede. Certa vez, sentei-me com um parceiro de indicações para pesquisar nossos bancos de dados. Ele viu o meu e identificou alguém que desejava conhecer. Quando foi minha vez de explorar, ele surgiu com a caixa de sapatos. Quem você acha que tirou proveito dessa atividade? O banco de dados deve ser classificado em categorias funcionais. Identifique as pessoas pela visibilidade, credibilidade ou rentabilidade. Ter um bom banco de dados é crucial para seu sucesso quando estiver desenvolvendo sua rede.

- *Crie um método de acompanhamento pós-evento.* Desenvolva um sistema para acompanhamentos depois de eventos de networking. Isso é tão importante que você deve conceder um dia inteiro após o evento para fazer todo o acompanhamento. Você também deve estabelecer um sistema de prioridade para o acompanhamento. Quem deseja acompanhar primeiro? Sendo homens animais do tipo transacional, nossa prioridade máxima será acompanhar aqueles com quem imaginamos poder fazer negócios. Não estou dizendo que deva ser feito assim, mas que é feito dessa forma. Esse seria um bom lugar para dizer: "Cara, não dedique todos os esforços àqueles que você imagina que serão seus clientes mais imediatos". Já ouviu a frase "o barato sai caro"? É um exemplo disso. Ao não fazer um acompanhamento pontual com pessoas que poderiam ser ótimas fontes de referência, e vice-versa, você acaba correndo atrás apenas do dinheiro fácil. Enquanto isso, deixa o canal aberto para seus negócios irem embora. Sua rede não diz respeito apenas ao "dinheiro de hoje", mas pode realmente ajudá-lo com o "dinheiro de amanhã". Esse é um dos maiores problemas que enfrentamos como proprietários de pequenos negócios e profissionais de vendas: tendemos a não trabalhar suficientemente no "dinheiro de amanhã". Estamos sempre trabalhando na sondagem dos negócios que desejamos neste momento, o que pode ser mais cansativo e muito estressante. Ao estabelecer um plano concentrado em acompanhamento, você obtém resultados tanto para vendas a curto prazo como para a longo prazo.

- *Rastreie seus resultados.* De onde estão vindo seus negócios? Quem está lhe passando indicações? Que organizações são as mais produtivas para você dedicar seu tempo? Se você não está rastreando seus resultados, então não faz ideia de onde seu tempo é mais bem empregado. Se você tem uma ou duas pessoas que constantemente lhe proporcionam negócios, seria sábio investir mais tempo nelas do que gastá-lo conhecendo gente nova. Sem o rastreamento não há meios de saber de onde vêm seus resultados. Uma empresa começou a rastrear todos os seus negócios e descobriu não serem os executivos ou as executivas os responsáveis por trazer mais acordos. Era a recepcionista! Você não acha que poderia ser importante essa pessoa ser reconhecida por seus esforços?
- *Pratique a cortesia.* Por favor. Obrigado. Desculpe. Não aprendemos isso no jardim de infância? Essas palavras fazem a diferença entre o mundo civilizado e o não civilizado... Ao menos na minha opinião. Quero que você pense nas pessoas associadas à sua rede não como amigos ou família, mas como seus clientes mais valiosos. Se o seu cliente mais valioso lhe desse uma indicação, o que você faria? 1) Agradeceria no momento em que a recebeu. 2) Contataria a pessoa imediatamente, para demonstrar que você é grato de verdade. 3) Contataria novamente para informá-lo de que já conversou com sr. Indicação e de sua situação atual. 4) Trata o sr. Indicação como se fosse de ouro, pois ele foi apresentado por seu melhor cliente. 5) Informa o sr. Melhor Cliente do resultado final. 6) Envia um cartão de agradecimento ou um presente ao sr. Melhor Cliente para demonstrar sua gratidão pela referência. Sim? Esse é um esboço superficial do plano de acompanhamento que você colocaria em prática? É óbvio que sim! Por quê? Pois eles são seus melhores clientes. Você não quer que eles fiquem bravos. Deseja que eles vejam o quanto leva a sério a indicação e realmente é grato pela confiança e energia. E o motivo egoísta: você gostaria de conseguir mais indicações deles.

Se você envolveu associados de networking, ELES SÃO SEUS SR. E SRA. MELHORES CLIENTES. Eles estão dispostos a indicar inúmeras vezes seu negócio se você fizer a coisa certa. Então, faça a coisa certa. Agradeça toda vez que conseguir uma indicação e siga o procedimento anterior. O "muito obrigado" é importante, mas mantê-los informados é ainda mais importante.

Não posso afirmar quantas vezes dei indicações a pessoas de quem nunca mais ouvi notícias. Adoro quando me procuram e dizem o quanto a indicação deu certo. É muito bom ser estimado, as pessoas amam ser reconhecidas pelas coisas que fazem.

- *Rastreie seu tempo.* Tempo é dinheiro. Quanto tempo você está dedicando a seus negócios? Você está recebendo a quantia adequada como retorno do que é investido? Como você saberá a resposta se não está rastreando seu tempo?

Se você dedicar tempo à implementação de sistemas em suas atividades de networking, descobrirá que pode conseguir melhores resultados. Mas isso também proporcionará mais tempo para outras coisas que seu circo pessoal de três picadeiros exige de você. Durante o ano, você possivelmente terá mais tempo para participar de eventos do que em outras épocas. Embora talvez não seja capaz de realizar networking na frequência desejada ou necessária, você pode manter contato com seus associados por meio de sistemas interacionais que economizam tempo. Envie cartões regularmente. Anote em seu calendário. Tenho os aniversários de todos os membros de minha família em meu calendário. Não é muito impressionante, porém ainda há muito mais. Agendei o envio de um cartão por correio sete dias antes da data. Não se impressionou ainda? Há mais. Também agendei um dia para comprar o cartão, na semana anterior ao dia em que o enviarei. (Não, não um dia inteiro, você sabe o que quero dizer.) Vamos lá, vocês estão impressionadas mesmo, moças. Apenas admitam. Os homens ficam chocados de verdade e sequer conseguem imaginar empregar tamanho tempo, energia e organização em aniversários. Eles tendem a ser especialistas em cartões de aniversário atrasados. Por que faço isso? Tempo. Sou muito ocupado. Se não administrar meu tempo, nunca conseguirei concluir o que preciso.

Considere o tempo investido em networking como parte de seu orçamento de marketing. Networking diz respeito a construir relacionamentos em prol do benefício mútuo que surgirá no futuro. É uma atividade de marketing. Inserindo o tempo em seu orçamento de marketing, você passará a compreender a importância do rastreamento, pois agora se torna parte do resultado final que você deve perseguir para ser lucrativo.

- *Aprofunde, não amplie.* Tenho certeza de que você ouviu durante anos como as estrelas da televisão e do cinema que estampam as capas de revistas e saem com muitas pessoas publicamente parecem ficar muito solitárias em casa. Há muitas pessoas do networking que são assim; tornam-se muito conhecidas, mas não possuem relacionamentos verdadeiros com ninguém da rede. Portanto, elas atingiram o nível pessoal da fama, mas não estão enxergando o benefício real disso, exceto ser popular quando saem. Devemos nos concentrar no desenvolvimento de relações na rede, e não no tamanho dela. Sim, homens, vocês deveriam estar desenvolvendo o verdadeiro RELACIONAMENTO com as pessoas de sua rede. É importante que atuemos em nossa rede, e não apenas trabalhemos nela. As chances são de que você já conheça tudo o que necessita saber para estabelecer indicações bem-sucedidas, mas não dedicou tempo suficiente para se aprofundar. Afirma-se que a rede de um profissional de negócios mediano consiste em mais ou menos 225 contatos, ou seja, pessoas já conhecidas e com quem tem algum tipo de relação. Então, se tiver cerca de 225 pessoas em sua rede e cada uma delas também tiver 225 pessoas em suas redes, significa que você está distante, em primeiro grau, de um pouco mais de 50 mil pessoas. Quantas pessoas mais você disse que gostaria de conhecer? Ampliar sua rede sempre é ótimo, mas dedique mais tempo desenvolvendo os relacionamentos que você já tem e que estão em um nível superficial. Automatize sua rede com um sistema de banco de dados que lhe permitirá dedicar tempo ao desenvolvimento de sua rede, estabelecendo relações mais profundas. Bons sistemas possibilitarão fazer exatamente isso: mergulhar profundamente em sua rede.

- *Administre sua rede social.* Dedique tempo à atualização e à administração de suas contas no Twitter, Facebook e LinkedIn (ou qualquer outra plataforma), e para criar conteúdos atuais e interessantes para seu blog. Essas são ótimas maneiras de manter contato com sua rede, desenvolver conversas e descobrir do que precisam.

Um de meus clientes criou sete novas contas para prestar atenção a sua página no Facebook. Sua empresa é destinada a recuperação de desastres, e num período em que tempestades destruidoras estavam devastando o Estado, acompanhamos sua página no Facebook para verificar o que seus contatos diziam. Ele só perguntou como poderia ajudar e sete pessoas o contrataram para ajudar a recuperar suas casas.

Ela diz: Sistemas fazem a diferença

Dos 12 mil entrevistados, a maioria dos participantes afirmou não ter um sistema. Mais importante: as mulheres disseram não – elas não têm um sistema para acompanhar! É fácil perceber que, quanto mais sistemático você aprende a tornar seu networking, mais produtivo ele será. Homens ou mulheres, ter um sistema é crucial para o sucesso. Para as mulheres, isso pode realmente ser uma grande chave.

As mulheres têm menos horas para, de fato, dedicar ao networking. Elas têm de equilibrar responsabilidades familiares de levar as crianças à escola pela manhã ou buscá-las em suas atividades extraclasse, ir para casa jantar e colocá-las na cama. Acrescente todas as demais atividades que elas precisam assumir em um dia qualquer, e sobra menos tempo para o networking. Ter sistemas para acompanhar e manter contato proporciona mais atividades produtivas e resultados obtidos de nossas atividades de networking.

Quando fizemos estas perguntas: você tem um sistema para acompanhamento? Você rastreia os negócios que obtém do networking? Você tem um sistema para manter contato? Homens e mulheres se mostraram bastante próximos uns dos outros.

Em geral, mais pessoas afirmaram não ter sistemas, em comparação às que têm. Ter sistemas para todas essas atividades é crucial. Não há meios de obter sucesso se seu sucesso estiver na terra do faz de conta. Fatos e dados sólidos dizem em que você está se saindo bem e em que não está. O rastreamento é um fator importante para o sucesso.

A BNI é um ótimo exemplo disso. Uma boa divisão da BNI rastreia tudo, desde frequência, indicações dadas, indicações recebidas e dólares gerados, e eles o fazem para todo e qualquer membro da divisão. Os membros mais bem-sucedidos e as divisões de maior sucesso são as que rastreiam constantemente e revisam esses resultados com regularidade.

Meus clientes do Referral Institute passam muito tempo revisando as atividades da semana anterior em sala. Eles possuem cartões com números do networking e nos informam as atividades que estão realizando e com quem, e quais resultados estão obtendo de cada um. Se não rastrearem, não haverá maneira de saber quem os está indicando, para quem deram indicações e quais atividades e organizações estão dando retorno.

Há uma frase: "O que é rastreado é feito". Nada poderia ser mais verdadeiro. Homens e mulheres, da mesma forma, consideram o networking uma atividade casual, comparecem a eventos, conhecem pessoas, juntam cartões de visita e retornam ao escritório. Para a maioria das pessoas, termina por aí. Organizações como BNI e alguns outros grupos possuem sistemas estruturados durante a reunião, mas se os membros desses tipos de organizações não tiverem um sistema adequado após deixarem a reunião, obterão menos sucesso do que aqueles que desenvolvem um sistema para suas redes.

Rastreie tudo

Há tantas coisas que precisam ser rastreadas:

- A quais organizações você pertence e quais resultados está obtendo?
- Quanto tempo está dedicando ao networking e trabalhando sua rede?
- Quanto dinheiro você ganhou em consequência de suas atividades?
- Quem está enviando indicações a você? Eles são responsáveis por quanto de sua renda?

Você deve ter sistemas em todo o rastreamento, assim como sistemas para:

- Realizar follow-up com as pessoas que conhecer.
- Manter contato com os membros de sua rede.
- Recompensar suas fontes de indicações.
- Ajudar suas fontes de indicações.

Moças, é crucial que vocês compreendam isto: se aprender a usar bons sistemas, eles permitirão que você obtenha melhores resultados em muito menos tempo. Isso vai liberar seu tempo para família e vida pessoal. O trabalho e o tempo estão à frente desenvolvendo e implantando o sistema. Você passará muito menos tempo saindo para realizar networking, e mais trabalhando em sua rede. A maioria de nós já conhece todas as pessoas de que precisamos para ganhar a vida. Não precisamos continuar adicionando pessoas à nossa rede; precisamos começar a desenvolvê-la.

CAPÍTULO

9

Seu melhor eu no networking

As pesquisas dizem: Nossas descobertas destiladas

O que 12 mil avaliações, quase mil comentários e histórias, diversas entrevistas, meses de pesquisas e anos de experiência nos permitiram concluir? A seguir, uma recapitulação dos fatos descobertos, que, acreditamos, ajudarão a lembrá-lo na medida em que seguir o conselho Dele e Dela como a lógica por trás de seus novos hábitos.

Resumo das descobertas do estudo

- Homens e mulheres mostraram-se mais próximos do que esperávamos na maioria das áreas.
- Contudo, a percepção da diferença é muito dramática. Lembre-se: a exceção torna-se a percepção.
- Mulheres acreditam que o networking teve mais importância em seu sucesso do que homens.
- Mulheres empregam uma variedade mais ampla de técnicas para aprender suas habilidades em networking, em comparação com homens.
- Homens são mais propensos que as mulheres a se concentrar primeiro em negócios. Elas são um pouco mais inclinadas a

se focar no estabelecimento de relações antes, e em negócios depois.

- O período do dia para realizar networking não foi um grande problema para nenhum gênero. Isso foi surpreendente.
- As obrigações familiares representam mais do que um problema para mulheres.
- Mulheres definitivamente não se sentem tão seguras quanto homens para participar de eventos noturnos.
- Homens dão preferência tanto para eventos estruturados quanto para não estruturados. Mulheres sentem-se bem em relação a qualquer um.
- Tanto homens como mulheres sentem que as outras pessoas ficam menos à vontade realizando networking do que eles próprios.
- Homens sentem-se mais seguros em relação aos aspectos transacionais do networking. Mulheres, em contrapartida, em relação aos aspectos relacionais.
- Homens passam mais tempo realizando networking.
- Mulheres obtêm uma porcentagem maior de negócios através de networking do que homens.
- Quanto mais tempo homens e mulheres passam dedicando-se ao networking, maior a porcentagem de negócios gerados.
- Quanto mais as pessoas usam os sistemas para rastrear seus negócios através do networking, mais provável que elas sintam que ele é importante para seu sucesso.

Homens e mulheres não são tão diferentes quanto ao sucesso que desejam nos negócios e no networking, apesar de o processo, a mentalidade e a forma de gerar os resultados acontecerem de modo diferente. O motivo é que temos diferentes maneiras de enxergar o mundo. Parte disso se deve à natureza e outra parte, à criação. Isso significa que, se desejamos ser mais eficientes, devemos aprender a respeitar, admirar e aceitar as diferenças dos outros. Devemos compreender que podemos trabalhar mais efetivamente como uma equipe, nos negócios e em nossas redes. Apenas precisamos aprender a ser adaptáveis, empáticos, sensatos e compreender que ELES não são você.

A exceção não tem que se tornar a percepção. A exceção pode ser você!

Aí vão alguns conselhos de despedida de toda a equipe, para que você empregue em seu potencial para alcançar um futuro brilhante em networking.

Nós dizemos...

Todos estamos tentando chegar ao mesmo lugar. Será muito mais gratificante para todos nós se pudermos nos ajudar ao longo da trajetória. A seguir, alguns conselhos para guiar seu sucesso no networking com o gênero complementar:

Para as moças

- Não fiquem presas à fase de credibilidade do Processo VCR®. Peça o que você deseja.
- Quando pedirem ajuda, comuniquem claramente o que desejam.
- Dediquem tempo ao networking.
- Quando conversarem com homens, tentem impressioná-los e compartilhem suas realizações.
- Quando falarem com você de modo impróprio, comuniquem imediatamente.
- Vistam-se profissionalmente em eventos de negócios.
- Organizem os sistemas para rastrear seus negócios.
- Mantenham contato e acompanhem indicações, referências e conhecimentos obtidos.
- Diversifiquem suas redes.
- Lembrem-se de que networking basicamente diz respeito a negócios, portanto solicitem acordos e indicações.
- Transmitam aos outros uma imagem de que vocês são mulheres de negócios sérias.
- Informem-se sobre sistemas de referências.
- Não amontoem todos os homens em um mesmo grupo.

Para os rapazes

- Vão mais devagar e construam uma relação.
- Desenvolvam o Processo VCR® seguindo a ordem exata das fases. Não se apressem à fase de credibilidade.
- Façam e mantenham contato visual.
- Ouçam e façam perguntas relacionais.
- Não presumam que as mulheres não levam seus negócios a sério.
- Não flertem com mulheres em eventos de networking.
- Selecionem o que vocês vão falar, usando filtros para escolher o que não é adequado aos negócios.
- Mantenham contato e acompanhem indicações, referências e conhecimentos obtidos.
- Fiquem informados sobre as práticas de networking melhores, mais comuns e de ponta.
- Desenvolvam e utilizem sistemas para suas atividades de networking.
- Dediquem tempo ao networking.
- Falem para criar laços, não apenas para impressionar.
- Lembrem-se de que as mulheres vão a eventos de networking para fechar negócios, exatamente como vocês.

As diferenças entre nós são uma grande vantagem, não desvantagem. Ao seguirem as etapas que destacamos neste livro, vocês devem ser capazes de desenvolver uma relação mais produtiva com membros de ambos os sexos. Aqui damos nosso adeus, despedindo-nos do vasto e complexo mundo do networking profissional com esses tópicos simplificados e específicos para cada gênero.

Boa sorte e fique ligado no site BusinessNetworkingandSex.com para as mais novas descobertas em networking e sexo!

Este livro foi composto nas fontes Amplitude, Bembo Regular, BentonSansComp, Calibri e impresso em papel Off set 90 gm^2 na gráfica Assahi.